日语教育教学研究

王佳梦 著

学苑出版社

图书在版编目（CIP）数据

日语教育教学研究 / 王佳梦著 . — 北京：学苑出
版社，2023.8
　ISBN　978-7-5077-6701-8

　Ⅰ．①日… Ⅱ．①王… Ⅲ．①日语－教学研究 Ⅳ.
① H369.3

中国国家版本馆 CIP 数据核字（2023）第 121254 号

责任编辑：乔素娟
出版发行：学苑出版社
社　　址：北京市丰台区南方庄 2 号院 1 号楼
邮政编码：100079
网　　址：www.book001.com
电子邮箱：xueyuanpress@163.com
联系电话：010-67601101（销售部）、010-67603091（总编室）
印 刷 厂：北京银宝丰印刷设计有限公司
开本尺寸：710 mm × 1000 mm　1 / 16
印　　张：11
字　　数：220 千字
版　　次：2023 年 8 月第 1 版
印　　次：2023 年 8 月第 1 次印刷
定　　价：72.00 元

作者简介

王佳梦，女，汉族，出生于 1985 年 10 月，哈尔滨师范大学东语学院讲师，博士研究生。2012 年至今于哈尔滨师范大学任教，2015 年至 2021 年，于东北师范大学攻读博士学位，并主持黑龙江省社会科学规划课题 1 项，现致力于日本文学方向研究。

前　言

社会对高质量日语人才的需求日益增多，高校教师应该立足当下，不断改善自己的日语教学策略，在日语教学中融入文化内容，从而不断提高学生的跨文化交际意识以及跨文化交际能力。

《日语教育教学研究》一书的内容十分广博，其中所蕴含的知识信息比较丰富，注重理论结合实际，一切从实践出发。与同类研究成果相比，本书更突出结构性、实用性和层次性。首先，从论述日语的概貌、特征入手，让读者对日语有基本的认识；其次，对比了汉语和日语的语音，区分两者系统上的差别，在此基础上研究了日语文化教学策略；再次，分别探索了高校日语口语、日语听力、日语阅读以及日语写作四个方面的日语教学策略；最后，对日语教学课堂构建的实践进行深入研究，科学、专业的日语课堂对日语教学有积极的影响。

日语教育工作不仅是为了培养学生的日语语言能力，更重要的是使学生具有跨文化交流的能力，所以本书中也融入了跨文化的相关内容。需要说明的是，高校日语教学并不止于本书的内容，尤其是其中所研究的教学技巧和方法，仍需要教师结合自身实际，灵活运用，唯有如此，才能更进一步！

笔者在撰写本书的过程中参考了大量的书籍，再次对其作者表示诚恳的谢意，由于时间和精力有限，书中难免有遗漏之处，欢迎广大读者给予批评指正！

王佳梦

2023 年 5 月

目 录

第一章　汉日语音对比分析

本章主要介绍语音学的基本原理和汉语、日语语音系统的特点，重点对两种语言的音素、音节、声调和语流音变等方面进行比较和分析。

第一节　日本汉字与日本汉字语音

一、日语的概貌

日语是一种主要在日本使用的语言，也是世界上使用人口较多的语言之一。它采用假名和汉字混合的文字系统，并以五十音图为基础。日语有三种敬语（尊他语、礼貌语、自谦语），使用场合不同，也有许多不同的方言，如关东方言、关西方言等。总体来说，标准日语基于东京方言，是日本的官方语言。除了日本之外，日语还被广泛使用在其他国家和地区，如美国、加拿大、巴西、菲律宾、中国、韩国等。

日语的发音较为简单，音素较少，但是有些音素对外国人来说可能会有一定难度，如长音和拗音等。另外，日语的语调比较平坦，与汉语相比没有明显的声调变化，但在口语中可能存在一定的语调变化。日语的语音特点使其在全球范围内受到了广泛关注。

在语法上，日语是一种主谓宾语语序的语言，类似于英语，但是与英语不同的是，日语中的主语可以省略。日语的动词时态较为简单，只有过去时、现在时和未来时，没有英语中的完成时、进行时等。此外，日语的名词没有性别和单复数之分，需要通过上下文来判断，但是在某些情况下也有使用特定词语表示单复数的习惯。日语的形容词和动词可以互相转化，形容词作谓语时也可以不加助动词。

总的来说，日语是一种独特的语言，它不仅反映了日本独特的文化背景和历史传统，也在世界范围内发挥着重要的作用。

二、日语的语言类型

我们知道汉语属于汉藏语系，为孤立语，是分析性语言。汉语的语法特点是不具有形态变化，主要靠虚词和语序来表达语法。这与以印欧语系语言为代表的屈折语正好相反。而日语则又是另外一种情形，它属于黏着语，或称胶着语。

关于日语的起源有多种理论。如今逐渐被越来越多的专家学者所采用的观点是：日语属于阿尔泰语系，与土耳其语和蒙古语等语言存在一些共同点。这些语言都属于阿尔泰语系，具有相似的语音和语法特点。此外，日语和朝鲜语在句法结构方面也有一些相似之处，如它们的指示代词都有远、中、近三种，而且动词变化不受人称限制，这些相似点已经得到广泛认可。并且此两种语言在以前也都一直被认为系属不明。最近的研究成果表明，如果日语和朝鲜语属于阿尔泰语系，那么日语极有可能是在朝鲜语与其他阿尔泰语言分离后，又再从朝鲜语中分离出来的，只不过这两次分离的时间距离今天已经十分久远了。也许是这个原因，有的学者将其与朝鲜语一起列为阿尔泰语系日－朝语族。学术界还有将其与朝鲜语、琉球语等放在一起，组成"韩日－琉球"语族的观点。此外，有一些证据表明，日语的词法和词汇在史前受到了南方马来－波利尼西亚语族的影响，这种影响还体现在了日语的语音结构上，两者具有一定的相似性：开音节占优。也有的学者认为日语与藏语等语言有内在联系，如动词都有自动词、他动词两种，在音韵上也找到一些对应关系。

三、日语的主要特征

从语音、文字、词汇和语法上可以体现出日语的主要特征。

（一）日语语音上的特征

日语的语音系统十分简单，仅有 5 个元音和 18 个辅音音位，如果算上半元音 /j/ 和 /w/ 也总共只有 25 个音位，这比西欧所使用的 26 个拉丁字母还要少一个。除了受汉语影响而产生拨音和促音外，日语开音节的语言特征比较突出，日语声调的变化体现在假名和假名之间，每个假名代表一个音拍，且有长音和短音的区别，长短音会改变一个词的意思。此外，作为一种阿尔泰语系的语言，日语的单词词头无辅音丛，并且遵循"头音规则"，即在阿尔泰语系的语言中，流音不能出现在一个词的开头。所以在日语中，凡是以ら行假名作开头音节的词语大都属于汉语词汇和外来语词汇。

（二）日语文字上的特征

日本古代只有语言而无文字，至于所谓在汉字传入前历史上出现过的"神代文字"一说，由日语书写形式来判断，可以看出是一些人参考了朝鲜半岛的谚文而仿制出来的。古代日本在与古代中国有了接触之后，汉字渐渐作为中原汉文化的一部分传入了日本列岛。之后，日本人开始使用汉字来记录自己的语言，并进行汉字的改良，最终创制了属于日本自己的表音文字——假名。但是汉字的数量实在是太多了，在一般领域内，日语的书面上能用到的汉字数量要远远少于中国的汉语常用汉字数量。因为汉语只能用汉字来记录，而日语还有后来产生的假名可以用来书写，不便或不必使用汉字的一部分词汇。故日文中的汉字，从古至今大的趋势是越来越少，与中国正好相反。"二战"结束以后，日本政府规定了"当用汉字表"，选定常用汉字 1850 个，并调整了一部分汉字的写法，其中一部分与今天中国的简化汉字相同或相近。后来又经过几次调整，在 1981 年，增加至 1945 字。近年来，又听取了民间与部分官方人士的提议，以方便在一些领域中应用汉字，在 2010 年公布的《改订常用汉字表》中，常用汉字的数量又修订为 2136 个。

日语的表音符号为平假名和片假名，同时也可以使用罗马字。日语复杂的书写系统是其一大特征，其书写系统包括汉字、平假名、片假名和罗马字。日常生活多使用假名和汉字，罗马字多用于招牌或广告，对汉字的注音不用罗马字而使用假名。

一般认为，日本的文字系统包括起源于中国的日本汉字、平假名和片假名三部分。其中，相对于表音文字的"假名"，表意文字的汉字曾被称作"真名"。虽然中国人对汉字并不陌生，但遇到日语中的一些汉字时，还是会感到困惑。因为这些字是日本人创造的汉字，即所谓的"国字"，也叫"和字"。当然日本汉字的发音同中国不同，而且一个汉字通常都有多个读音。如"木"有"き、もく、ぼく"等多个读音。这主要源于两种情况，一是汉字传到日本后，这个汉字本身的汉语读音也随之传入，这种读音称为"音读"，如上例中的"もく、ぼく"；二是日语中固有词语假借汉字表示该意义时的读音称为"训读"，如上例中的"き"，且音读和训读往往各不止一个。

（三）日语词汇上的特征

由于历史原因，日语中的词汇来源比较复杂。首先，日语有一些词语为日语固有词，语言学上一般称为"和语"词汇。这些词汇通常使用平假名或汉字书写，其汉字读音通常是训读式的。因为受到了古中国长时期的文化影响，日语中有直接从中国引进，或者是日本的语言学家按照汉语词汇的语法特点而创制的词语。这些词语一般用汉字书写，且其汉字的发音都为音读式。另外，从西方航海家到达远东地区活动开始，日语先后接受了从葡、荷、法、德、俄、英等欧洲语言中传来的词汇，另外再加上一些从其他语言中所吸收的词汇。这些从古汉语以外的语言中传入的词，其发音经过"日语化"之后为日语所吸收，现在书面上一般用片假名书写，称为"外来语"词汇。这些外来语也是日语词汇中比较重要的一部分。值得一提的是，外来语也不仅限于从汉语以外的语言中传入的词汇，还有在近代以后传入日本的汉语词汇。随着日本人对以上三种词汇的运用，在日语中逐渐出现了一些词语，其成分混有上述三种词汇的两种或两种以上。这些词汇一般称为"混合语"词汇。其比较常见的一种表现形式为：多于两个字的汉字词，其汉字的读音方式不止一种，即音读和训读同时出现。

日语的词汇系统也非常庞大，一般包括意义系统（同义词、近义词、反义词等）、形态系统（语素、单音节词、多音节词等）、构词系统（造词法、合成词、复合词等）、词的种类系统（和语词汇、汉语词汇、外来语词汇等）、文字系统（假名、汉字、罗马字等）、文体风格系统（口语体、文章体、敬语体等）、位相系统（男性用语、女性用语、职业用语、方言等）等。

（四）日语语法上的特征

日语的语法结构比较独特，与其他语言有很大差异。下面是日语语法上的一些主要特征：

1. 词序和主谓宾语顺序灵活

日语的词序非常灵活，通常没有严格的主谓宾语顺序。在日语中，由于单词可以通过助词、助动词等进行词类转换，因此，即使改变词序，句子的意思也不会改变。

2. 助词的丰富使用

日语中有许多助词，它们可以在句子中表示各种语法意义，如主格、宾格、属格、主题、话题、焦点、时态等。助词的使用在日语中非常普遍，使得日语的语法结构变得更加复杂。

3. 动词的时态和语气

日语中的动词时态和语气比较灵活。动词可以通过不同的词尾表示时态和语气，如过去式、将来式、可能形式、请求形式等。此外，日语中还有许多特殊的动词形式，如命令形式、礼貌形式等。

4. 拟声词和拟态词的使用

日语中有许多拟声词和拟态词，它们可以模拟物体的声音和动作，使语言更加生动形象。例如，"ワンワン"表示狗的叫声，"ドンドン"表示打鼓的声音，"バタバタ"表示奔跑的声音。

日语的语法结构与其他语言有很大差异，其中的灵活性和复杂性使得学习者需要花费更多的时间和精力去理解和掌握。但是，通过深入研究和学习，人们可以更好地了解日本文化，促进跨文化交流和理解。

四、日语的语音演变

语言是人类最主要的交流工具，它自产生之日起就无时无刻不为人们的交际服务。一种语言，随着时代的更替、人类社会环境的改变等，难免会在其语音、词汇乃至语法上发生一些或大或小的变化。这三者相对来说，语法较为稳定，词汇变化最快，而语音则是稳中有变。所有语言都是如此，日语也不例外。如果仅从音位角度考虑，现代日语有 5 个元音あ（a）、い（i）、う（u）、え（e）、お（o），20 个辅音。音节计 105 个，包括"五十音图"清音 44 个，が、ざ、だ、ば行浊音 20 个，ぱ行半浊音 5 个；か、さ、た、な、は、ま、ら、が、ざ、ば、ぱ行拗音 33 个；拨音和促音各 1 个；长音 1 个。以上是能够拼读日语本土词汇和汉语音读词汇的一般音节，为拼读外来语而新出现的特殊假名ヴ和二合音节等尚未算在内。

如果考虑到音变的话，音位中的辅音还可以加上ざ和が行不在词首的变音。与之相反，か、た、ぱ行在词首时会发生送气化，出现相应的条件变体。还有な行的拗音和は行的い段假名前的辅音发音，有研究认为其辅音发音实际为软腭音等（另有学者认为は行的假名へ其辅音与同一行的は、ほ也不同）。

我们对现代日语语音做了简要的概括，而日语的现代音是由其古代音继承和发展变化而来的，下面我们来追本溯源，看一下日语今日的语音是如何形成的。

（一）奈良时代（710—794 年）

根据日本著名语言学家桥本进吉的研究结论，日语上古时期语音中元音音素有 8 个，比今日要多出 3 个，即在"五十音图"中各行的あ段和う段元音与现代日语基本一致，而在か、は、ま、が、ば这几行中，今天的元音い、え、お都各

自为两个不同音质的元音，我们分别用い甲、い乙、え甲、え乙、お甲、お乙来表示。辅音则缺少今天的は行辅音 h，这可以从汉字发音的"歴史仮名遣い"中得到证实：①中国汉字古音声母为 h 的，日语多在か行，其辅音为 k。②按照清浊对应关系，ば行辅音应与今天ぱ行相对应，而当时只有は行。可见，ば行是在后来的は行辅音产生后，为了重新表记 p 音而在其行假名右上角另加圆圈以表示区别的，故而其他行不见这一表记法。

（二）平安时代（794—1185 年）

与前一时期相比，日语的语音发生了比较大的变化，上述提到的甲乙两类元音差异在 10 世纪初前后消失。又过了一百多年，あ行和や行え读音逐渐统一，あ行的お和わ行的を开始混用；あ、わ两行的い和ゐ、え和ゑ也开始混用。这一时代后期还出现了"は行转呼音"，即は行与わ行音都读成わ行音的现象，由此还能推定那时は行辅音应该已经与今日读音一致了。

平安初期，汉字音读开始出现双音化的现象，而在此之前，无论古汉语汉字读音的韵母部分有无韵头或韵尾，在早期日语汉字音读中都一概舍去不读。由此开始，有了表示拨音的表记法，今天的ん当时以に、い、ぬ、れ等表记。中期い、ぬ、れ以表记法先后消失，渐渐出现む表记。ん表记的出现已是平安后期了。

这期间拗音表记和く、ぐ行后加わ行二合元音的表记法也开始形成，并定型下来，一部分已与今日完全相同。汉字的入声塞尾也出现了对应的表记法，一般是以 - き、- く表记 -k 尾音，以 - ち、- つ表记 -t 尾音，以 - ふ表记 -p 尾音。其中 - ふ表示法又因为"は行转呼"作用，一部分已分化为 - う尾音，另有一小部分在か、さ、た、ば行前已形成了促音。

约公元 810—950 年还出现了"音便"，即人们为了发音方便而产生的语音变化，以い音便、う音便为主，其中的い音便与今日以く、ぐ结尾的五段动词的音便已类似。不过，当时的い、う音便不限于在か、が两行之前出现。

（三）镰仓与室町时代（1185—1603 年）

镰仓与室町时代，日语语音变化不大，和歌界的藤原定家提出了根据音调来区分お和を的方法：音低者为を，音高者为お，分别用汉字"尾"和"绪"来表记。藤原氏是平安末镰仓初的大家，他的这一方法具有划时代的意义，为后来的阿行（原知行）所采纳，并增订成了《假名文字遣》，成为人们使用假名的新规范，该规范一直使用到江户时代末期。

另外，在这一时期，日语的促音开始定型下来，除了沿用平安时代的"は行転呼"式之外，原表记古汉语 -t 尾音（以 - ち、- つ表记者）的发音在一部分清音前也改读为促音，这可以从 1603 年的《日葡辞书》里汉字音读词的葡萄牙文转写法中得到证实。

（四）江户时代（1603—1868 年）

江户时代，日语在语音上又有了较显著的变化：非重读音节中的元音い、う开始无声化；え段后的い被同化而形成长音；由于德川家族掌握了政权，关东江户方言的发音开始成为标准音，关西地区的う音便于是逐渐为关东地区的促音便所替代，并且明确规定出现在か、さ、た、ぱ四行前，く、ぐ行后加わ行二合元音逐渐变为か、が行的直音形式；拨音 - む、- ん入表记法开始合流。到了今天，- ん表记法早已不仅用于在表记汉语词的对应发音上，也出现在日语的"和语"词汇中。最普遍的例子就是です・ます体中助动词ます非过去式的否定形式：ません可以分解成助动词ます的未然式ませ，加上否定ぬ。由于 - う音的脱落，ぬ现在已经变成了ん。

（五）明治维新以后（1868 年至今）

明治维新以后，江户更名东京，正式成为日本的政治中心，以东京音为基础，兼收关西等其他地区的方言，甚至外语的语音，形成今日日语的标准音。在语音统一规范方面，作用最大的要数 1946 年内阁颁布的《现代仮名遣い》（现代假名拼写法），它规定了 33 条假名使用规范。今天的日语假名用法，基本上就是以此为基础，不过 1986 年新的《现代仮名遣い》又对其做了一些局部的调整。出于对西方语言准确表记的需要，这一时期出现了只有片假名形式，而无平假名的ヴ以拼读外来语中的 /v/ 音，而在这以前都是用ば行假名来兼代。同时还新增了将あ行假名像拗音、促音记号一样"小写"以附在い、う、て、で等假名后以拼合二合元音和 /ti/、/di/ 等日语的和语、汉语词汇中不存在的读音。至此，日语的语音已经基本定型。

五、汉字与日语

（一）汉字传入对日语的影响

前面讲过了日语语音的历史演变，现在我们再来看一下日语的书面文字。

大约两汉至南北朝时期，汉字传入日本，日本人开始利用外来的汉字来记录书写自己的语言，结束了日语没有书面记录的历史。不过这就产生了一个问题：

汉字是兼有音、形、义的意音型文字，如何利用这样一种文字来记录日本自己的语言呢？

一是翻译法。即完全用汉字并按照当时的汉语语法规则来书写记录，这种方法一般用于与中国的官方来往交流。

二是只借音不借义。大约到了公元 5 世纪中叶之后，日本人创造了用汉字作为表音符号来书写日语的方法。至 8 世纪后，这种方法已经被普遍采用，日本古代著名的诗歌集《万叶集》就是采用这种书写方法。如日语的"山"，读作"やま"，在《万叶集》中就用"也麻"两个汉字来书写。"樱"读作"さくら"，就用"散久良"三个汉字来书写。日语中的助词"て、に、を、は"等则用"天、尔、乎、波"等汉字来表示。这种书写方法后来被称为"万叶假名"。

三是在书写上有的汉字表义，如实词部分；而有的汉字则只表音，如语法部分。在这种表记法的基础上，逐渐形成了今日日语的书写标准。

然而日语和汉语毕竟不是同一类型的语言，完全利用汉字来记录的日语在阅读上既十分麻烦，也容易造成一些理解上的障碍。比如日语中虚词和用言的词尾变化部分等语法项目，写成汉字的形式就难免会认为它们的意义与汉字的写法有关，从而造成误会。于是由汉字的偏旁部首衍变而成的"片假名"开始在书写中用来替代原来只用汉字书写的虚词和词尾变化等部分。从此，日语的书面语言进入汉字－假名混合书写阶段，并持续至今。之所以叫"假名"，是因为它是与"真名"即汉字相对而言的，而"片"在日语中有"部分"的意思。此后不久，由汉字的草书形式变化而来的平假名也产生了，不过一般只作为日本女性的书写字体，所以又被称为"女手"。平假名不为日本士人所看重，男人一般还是用片假名作为书写符号。后来，平假名和片假名的地位开始逐渐接近，不过片假名仍然占据着主流的地位。而且，一般不能既使用片假名又使用平假名。直到今天，除混合语词汇外，日语在同一个词中见不到同时使用平假名和片假名的现象。到了近现代时期，情况正好反过来了，平假名占据了原来片假名几乎所有的位置，而片假名一般只用来书写外来语和拟声词等少数词语。

日语的平假名和片假名来源示意图如图 1-1 所示，左图为片假名，右图为平假名。

ア 阿	イ 伊	ウ 宇	エ 江	オ 於
カ 加	キ 機	ク 久	ケ 介	コ 己
サ 散	シ 之	ス 須	セ 世	ソ 曽
タ 多	チ 千	ツ 川	テ 天	ト 止
ナ 奈	ニ 仁	ヌ 奴	ネ 祢	ノ 乃
ハ 八	ヒ 比	フ 不	ヘ 部	ホ 保
マ 末	ミ 三	ム 牟	メ 女	モ 毛
ヤ 也		ユ 由		ヨ 與
ラ 良	リ 利	ル 流	レ 礼	ロ 呂
ワ 和	ヰ 井		ヱ 恵	ヲ 乎
ン 尓				

图 1-1　日语的平假名和片假名来源示意图

　　另外，日文中的汉字也并非完全为中国所传入，在日本有一些"国字"，大多为日本所独有。这些"国字"造字方式大多以"六书"中的会意为主，也有极少数如"腺"之类的形声字，它们大多是表示事物的名词。后来这些字有的也传入了中国，我们对于这些字大多按照形声字来读，哪怕这些字当初在日本造出时根本没有音读。还有，日语中的汉字词汇也有日本人根据汉语的构词法而自创的。这些词中相当一部分在近代传入中国，我们按照汉语的发音与字面的意义来运用十分方便，丝毫不会感觉到这些词竟然不是我们中国"原产"的。

（二）日本汉字的读音

　　日语的汉字其读音大体有"音读"和"训读"两种，一般情况下，"训读"的发音是借用了汉字及其所组成的词汇的意义，而用日语中原本就有的相应含义词语的发音进行拼读。即训读发音与汉字无关，但是其书面用的汉字一般来自古汉语，且该词汇的意义与其书面上使用的汉字在古汉语中的意义相关。而"音读"则是仿照汉字及其所组成的词语在传入日本时期的古汉语发音，将其发音"日语化"后的读音。其书面用的汉字与该词汇的含义一般都直接来自中国。

　　由于日语汉字的训读发音与本书研究内容无关，我们这里只谈日语汉字的音读。中国汉字及其读音在六朝时期前后由江南一带传入日本后，日本人仿照当时传入的读音，将其"日语化"后形成了日语中汉字最初的一种音读形式，这就是"吴音"。到了隋唐时期，日本遣（隋）唐使来到中国，又将当时长安一带方言的发音带回日本，经日语消化吸收，则形成了"汉音"。两宋时期，四川一代方言中的部分词语传入日本，这样一来，除了"吴音"和"汉音"外，日语中一些汉字还有了所谓的"唐宋音"。此外，由于汉字偏旁的表音性不够准确等原因，一部分汉字被日本人讹读后，形成了日语汉字音读中极具日语特色的"惯用音"。

第二节　基于日本最新版《常用汉字表》的中日汉字读音对比

近年来，由于日本 1981 年版《常用汉字表》中一些汉字并非日本人日常生产与生活中所常用，而相当一部分实际上常用的汉字此表又未收录。于是日本政府在征求了官方与民间一些人士的意见后，于 2010 年在此《常用汉字表》的基础上，增补了 196 个常用汉字，删去了 5 个不常用的汉字，形成了现在的《常用汉字表》。新版的《常用汉字表》意义重大，不仅限于日本人自己使用，如果以日语为外语的学习者想要通过全世界最具权威的新日本语能力测验最高的 N1 级考试，这 2136 个汉字的书写形式及其读音和含义必须牢牢掌握。

本书中所研究的对象汉字皆选自日本最新版的《常用汉字表》（2010 年）中收录的汉字，并且其音读式发音也一般不超出该表的范围。为了避免有的日本汉字与现行中国的同形异字相混淆，或者与中国现行汉字相差较大，我们在后面的括号内注明其原来的繁体汉字。另外，在本节第二部分中，一个汉字若有另外的音读式发音，一般也在括号内注明。

我们都知道，每一个单独的汉字即对应汉语的一个音节，其发音都可以从声、韵、调三个方面来分析。汉语的声母和韵母在日语的汉字音读中有较好的对应关系，而汉语的声调与日语的音调却并不是一回事。

比如汉语声调有阳平和去声，日语的音调也有上升和下降两种类型。但从每个汉字单字的发音上来看，并非所有汉语阳平声字在日语中都读升调，去声字也不都读降调。此外，汉语的阴平和全上声在日语中都没有类似的调型。

为对日语汉字的语音情况与汉语语音做出准确的对比，我们将以现代汉语声、韵母为主要依据，对日语汉字的音读表现做出分析。我们也兼顾古汉语中的入声字的入声塞尾在现代日语中仍有比较清晰的表现形式，在韵母部分的最后，将原属古汉语入声的字单独列出，以供参考。

为了更好地阐明中日两国汉字今日发音的对应关系，我们十分有必要在这里提及一下相关的汉语音韵学知识和汉语的语音演变历程。

那么下面这节我们就先从声母入手，看看这千百年来汉语语音是怎样变化的。

一、现代汉语声母在日语汉字音读中的表现

由于书写汉语的文字不是拼音文字，在字典刚刚诞生的时期，编者对于难读字往往采取读若法（发音与另外某字相似）来注音；由于读若法带有很大的模糊性，后来又产生了直音法（发音与某字完全相同）。直音法虽然解决了汉字注音的不确定问题，但是总有些字找不出与其读音完全相等的字来，或者是虽然有与其发音一致的字，但是该字比被注音的字更加罕用。所以无论用以上哪种办法，都不能将所有汉字的读音一一标注清楚。作为这两种注音方法的补充，后来又产生了变调法（将一个字的声调改变来表示另一个字的读音）。这样所有汉字的读音基本上能够比较准确和全面地表示出来了。

虽然直音法和变调法出现后已经基本上解决了汉语的难字注音问题，但是这仍然需要在已经掌握了大量汉字字音的基础上才能够以此方法来查阅字书。这时，历史已经到了两汉六朝时期，由于佛教的传入带来译写佛经的需要，梵语音节的元辅音相拼法启发了一些有语言学造诣的僧侣和文人。于是各家此后纷纷用不同的、较常用的汉字来表示当时的汉语中一个固定的韵母或者声母的发音。

在这些用单个汉字表记固定的声母的人中，五代时期的和尚守温从常用汉字中选取了 30 个声母均不相同者作为代表，来表示当时汉语的全部声母。这就是著名的"守温三十字母"。我们将其按发音部位做如下排列。唇音：不、芳、并、明；舌头音：端、透、定、泥；舌上音：知、彻、澄、日；牙音：见、溪、群、来、疑；齿头音：精、清、从；正齿音：审、穿、禅、照；清喉音：心、邪、晓；浊喉音：匣、喻、影。

到了宋代，由于汉语语音又有了一些变化，于是在此基础上形成了"宋人三十六字母"。宋人三十六字母与守温三十字母相比，除个别代表用字做了变更或者发音部位的调整外，增加了"轻唇音"四字母：非、敷、奉、微；娘、床母分别从泥、禅母中分离出来。我们仍按发音部位排列如下。重唇音：帮、滂、并、明；轻唇音：非、敷、奉、微；舌头音：端、透、定、泥；舌上音：知、彻、澄、娘；齿头音：精、清、从、心、邪；正齿音：照、穿、床、审、禅；牙音：见、溪、群、疑；喉音：影、晓、匣、喻；半舌音：来；半齿音：日。

这些"字母"不但总体上按照相同发音部位分组排列，而且每一组相同发音

部位代表字的排列顺序也都是有规律的：帮组、非组、端组、知组、见组都是按照不送气清塞 / 塞擦音、送气清塞 / 塞擦音、浊塞 / 塞擦音、鼻音来排列，而精、照两组则按照不送气清塞擦音、送气清塞擦音、浊塞擦音、清擦音、浊擦音来排列的；也有的排列法把舌头音、舌上音和齿头音、正齿音分别合并为两大组，称"舌音"和"齿音"的，这样粗分法的舌音和齿音各母字的发音方法一般也仍然是按顺序对应而排列的，只不过有的分法另将半舌音来母和半齿音日母都放在舌音组（按照一些语言学家的拟构，日母组字的声母中古时发音的前半部分是一个鼻音音素，该音素即中古娘母组字的声母，故由此看来日母也可以归为舌音）。

（一）现代汉语零声母字在日语汉字音读中的表现

现代汉语普通话零声母的来源比较复杂，主要来源有原中古汉语的影母、喻母（除了读作 róng 的几个字）、疑母（除了读 nüè 的字和"凝"字这几个）、微母（除了"曼"字和"蔓"字，其中"蔓"字有 màn、wàn 两种读法）和日母中今天读作 er 的几个单字。

其中古疑母字在日语汉字音读中读作が、か行；古微母字大多吴音读为ま行而汉音读为ば行；古影母、喻母字则大都读为あ、や和わ行；日母中今天读作 er 的几个单字其日语汉字音读吴音为に，汉音为じ。

我们按照汉语拼音发音的顺序依次来看一下。

1. 以 a 开头的零声母字

①现代汉语读 ai 的，日语汉字音读都读作あい：哀、挨、愛、曖。

②现代汉语读 an 的，日语汉字音读除"岸"读がん外，都读あん：安、案、暗。

③现代汉语读 ao 的，日语汉字音读除"傲"读ごう外，"凹"和"奥"读おう。

在这些字发音的中日音感对比中，前两组字发音比较类似，在教授日本学生学习汉语语音时可以用来进行辅助性的对比教学，而第三组则差得较远，尤其"傲"前面还有一个浊音 /g/，在教授日本学生学习汉语语音时没有什么对比教学价值。

2. 以 e 开头的零声母字

①现代汉语读 e 的，日语汉字音读为やく、が的各 1 个：厄、餓。"額"和"顎"形旁相同且日语汉字音读相同，为がく。"悪"汉语两读，日语汉字音读与之对应：当"坏"讲时念 è，旧读入声，日语汉字音读为あく；作"厌"讲解则读 wù，日语汉字音读为お。

②现代汉语读 en 的只有 1 个 "恩"，日语汉字音读为おん。

③现代汉语读 er 的字，日语汉字音读吴音为に，汉音为じ，除 "二" 及其大写 "弍"（贰）常用吴音外，余下的几个一般只用汉音，如耳、児（儿）、餌。

在这些字发音的中日音感对比中，除第二组字 "恩" 发音的鼻音稍有类似外，中日汉字发音差得都较远，在教授日本学生学习汉语语音时没有什么对比教学价值。

3. 以 o 开头的零声母字

这一组字最少，只有现代汉语念 ou 的 3 个，其中发阴平声且同一声旁的 2 个日语汉字音读都为おう：欧、殴；发上声的一个日语汉字音读为ぐう：偶。在这几个字发音的中日音感对比中，中日 "欧" 和 "殴" 字的发音比 "偶" 字的发音要更接近一些，可以在教授日本学生学习汉语语音时用来进行对比教学。

4. 以 w 开头的零声母字

这一组字较多，成分也较刚才三组复杂了许多。

①现代汉语读 wa 和 wai 的各 1 个，"瓦" 日语汉字音读为が，"外" 字吴音读げ，汉音读がい；

②现代汉语读 wan 的，上声 1 个，日语汉字音读为ばん；阴平 "湾"、去声 "腕" 各 1 个，日语汉字音读都为わん；"万" 也读去声，日语汉字音读吴音为まん，汉音为ばん；剩下的都读阳平。日语汉字音读为かん的 1 个：完。日语汉字音读为がん的 3 个：丸、玩、頑。

③现代汉语读 wang 的，日语汉字音读为おう的有 3 个：王、往、旺。声旁相同且吴音为もう、汉音为ぼう的 3 个：亡、妄、望。只读もう和ぼう的各 1 个：網、忘。

④现代汉语读 wei 的，日语汉字音读为えい、き、ぎ的各 1 个：衛、危、偽；读み的 2 个声旁相同：未、味；读び的也有 2 个：微、尾，读い的最多，有 15 个。其中 "唯" 另读ゆい，剩下的 13 个字是：威、為、囲（圍）、違、維、偉、委、萎、位、畏、胃、尉、慰。

⑤现代汉语读 wen 的，日语汉字音读为おん和もん的各 2 个：温、穏／紋、問；另有 2 个字吴音读もん、汉音读ぶん：文、聞。

⑥现代汉语读 weng 的 1 个：翁，日语汉字音读为おう。

⑦现代汉语读 wo 的字有渦、我、沃、握，日语汉字音读分别为か、が、よく、あく。

⑧现代汉语读 wu 的，日语汉字音读为お、おく的各 1 个：汚、屋；日语汉字音读为ぶ的 2 个：侮、舞；声旁相同，日语汉字音读为む的 2 个：務、霧；日语汉字音读为ご的 5 个：呉、五、午、誤、悟；吴音读もつ、汉音读ぶつ的 1 个：物；吴音读む、汉音读ぶ的 2 个：無、武。

在这些字发音的中日音感对比中，"湾""腕"两字两国的发音比较类似，在教授日本学生学习汉语语音时可以用来进行辅助性的对比教学，而其他组不是声母／辅音部分差得较远，就是韵母／元音差得比较大，两者更多的是仅有语言学上的对应关系，而听上去并无任何相似之处。

5. 以 y 开头的零声母字

这一组实际上按照发音的不同可以分为以 i 音和以 ü 音开头的两组，我们下面分别来看一下。

（1）以 i 音开头的

①现代汉语读 ya 的，日语汉字音读分别为あつ、おう、あ的各 1 个：圧、押、亜；日语汉字音读为がい的 2 个，有相同声旁且都读阳平调：涯、崖；日语汉字音读为が的 3 个，也都是同一声旁：牙、芽、雅。

②现代汉语读 yan 的，日语汉字音读为いん、けん的各 1 个：咽、研。日语汉字音读为がん的 2 个：岩、顔。吴音和汉音都读げん，另有惯用音けん的字 1 个：験（驗）。吴音读げん、汉音读がん的 1 个：眼。吴音读ごん、汉音读げん的 2 个：厳、言。日语汉字音读为えん的 8 个：煙、延、炎、沿、塩（鹽）、演、宴、艶。

③现代汉语读 yang 的，阴平 1 个：央。日语汉字音读为おう，其中读上声的 1 个：仰，日语汉字音读为ぎょう、惯用音为こう。另有上声、去声各 1 个：養、様，与余下的 5 个阳平调字：揚、羊、陽、瘍、洋，日语汉字音读一致，为よう。

④现代汉语读 yao 的，日语汉字音读中除"薬"读やく外，其他 7 个都读よう：妖、腰、窯、謡、揺、要、曜。

⑤现代汉语读 ye 的，上声 2 个和去声 1 个，日语汉字音读都是や：冶、野、夜；剩下 4 个去声字，旧读皆为入声。其中"業"吴音读ごう，汉音读ぎょう；葉、液、謁在日语汉字音读中则分别读作よう、えき、えつ。

⑥现代汉语读 yi 的，日语汉字音读分别为いち、おつ、げい、やく、けい、いつ的各 1 个：壱（壹）、乙、芸（藝）、訳（譯）、詣、逸；吴音读いつ、汉

音读いち的 1 个：一，读えき的 2 个：易、駅；日语汉字音读为ぎ的 5 个，其中 3 个声符相同：儀、宜、疑、義、議；同一声旁且都读去声（旧都读入声）的日语汉字音读为おく的 3 个：億、憶、臆；日语汉字音读为よく的字有 3 个，其中两个声旁相同：抑、翌、翼；日语汉字音读吴音为やく、汉音为えき的 3 个：疫、役、益；读い的较多，有 9 个：衣、医、依、移、遺、以、椅、異、意。其中"遺"另读ゆい，与现代汉语的读音"wèi"相对应。

⑦现代汉语读 yin 的，除读阳平的有 2 个字"吟""銀"日语汉字音读为ぎん外，其他 9 个字都读いん：因、陰、姻、音、淫、引、飲、隱、印。"音"字还另读おん。

⑧现代汉语读 ying 的，日语汉字音读为げい、けい、こう的各 1 个：迎、蛍、硬；日语汉字音读为おう的 2 个：応（應）、桜（櫻）；日语汉字音读为えい的 4 个：英、営、影、映。

⑨现代汉语读 you 的，日语汉字音读为よう、ゆ的各 1 个：幼、油；日语汉字音读为ゆう的 8 个：優、憂、幽、悠、猶、郵、友、誘；吴音为う、汉音为ゆう的 2 个：有、右；吴音为ゆ、汉音为ゆう的 2 个：由、遊，其中"由"另有一发音ゆい。

在这些字发音的中日音感对比中，汉语读 yi、日语汉字音读为い的有 9 个字：衣、医、依、移、遺、以、椅、異、意。在两种语言发音的对比中，除日语不具声调外，元音音值几乎完全一样，在教授日本学生学习汉语语音时可以用来进行辅助性的对比教学。此外，汉语读 yin、日语汉字音读为いん的有 9 个字：因、陰、姻、音、淫、引、飲、隱、印。其他组的都差得远了一些，不适于语音对比教学。

（2）以 ü 音开头的

①现代汉语读 yong 的，日语汉字音读为よう的 4 个：擁、庸、踊、用；剩下 5 个上声字，同一声旁且日语汉字音读都为えい的 3 个：永、詠、泳；余下 2 个声旁也相同，日语汉字音读都读ゆう：勇、湧。

②现代汉语读 yu 的，日语汉字音读为きょう、ぐ、ぎょく、いく、うつ、ごく、いき、ゆう的各 1 个：魚、愚、玉、育、鬱、獄、域、裕；日语汉字音读为ぐう的 2 个，其声旁相同：隅、遇；日语汉字音读为ご的 2 个：娯、語；日语汉字音读为よく的 2 个，其声旁与声调都相同：浴、欲；日语汉字音读为ゆの 4 个，其声旁也相同：愉、諭、喩、癒；都读上声且日语汉字音读为う的三个：宇、羽、雨；日语汉字音读为よ的 5 个：余、与、予、預、誉；吴音为ご、汉音为ぎょ的

15

字 1 个：御；汉音为ぎょ、惯用音为りょう的 1 个：漁，其读音实际为"猎"（獵）的近似义转借。

③现代汉语读 yuan 的，日语汉字音读为がん的 1 个：願；现代汉语读阳平、日语汉字音读为いん的 2 个：員、院；现代汉语读阳平、日语汉字音读为げん的 2 个，且其声旁相同：原、源；现代汉语读阳平、日语汉字音读为えん的 6 个：園、円（圓）、援、縁、猿、媛；汉音读げん，惯用汉字音读がん的 1 个：元；吴音读おん，汉音读えん的 2 个：遠、怨。

④现代汉语读 yue 的，除"約"读阴平外，都读去声，另：这一组字旧读皆为入声，所以在日语汉字音读中都有表示古汉语塞尾 -k、-t 的 - く和 - つ。日语汉字音读为がく的 2 个：岳、楽；"楽"另读らく，与现代汉语的读音 lè 相对应；汉音为げつ，惯用音为がつ的 1 个：月；读やく的两个：約、躍，读えつ的 3 个：悦、閲、越。

⑤现代汉语读 yun 的汉字只有 3 个，日语汉字音读为いん的 1 个：韻；其他两个读うん：雲、運。

由于日语中没有与汉语的 ü 较接近的发音，这组字用于教日本学生学习汉语没有太大帮助。

（二）现代汉语声母为 b、p、m、f 的汉字在日语汉字音读中的表现

这一组声母发音部位都在唇部，除 f 是唇齿擦音外，b、p、m 都是双唇音。其中 b、p 是爆破音：b 不送气，p 需要送气，m 是鼻音。从发音方法上来看，b、p、f 是清音，m 是浊音。为了便于陈述，我们在这里及以下各节将这些字按照在日语汉字音读中发音分布情况由简单到复杂的顺序进行排列，下面按照普通话声母 m、b、p、f 的顺序进行分析。

1. 现代汉语普通话声母为 m

这一组的日语汉字音读基本位于ま行（吴音），但是由于受到中古汉语中部分明母字声母塞音化的影响，一部分汉字的日语汉字音读有ば行（少部分は行）的发音（汉音）。

①其中只用ば（は）行发音的字 34 个：馬、罵、買、麦、売（賣）、蛮、忙、猫、冒、貿、帽、貌、没、梅、媒、美、泌（は行）、秘（は行）、勉、苗、描、秒、蔑、敏、漠、墨、某、母、牧、募、墓、睦、慕、暮。

②ば行、ま行两读的 8 个：眉、米、模、末、謀、木、目、幕。

16

③剩下的 42 字则都只读ま行音：麻、埋、脈、満、慢、漫、盲、毛、矛、茂、枚、每、妹、昧、魅、門、盟、猛、夢、迷、密、蜜、眠、綿、免、面、麺、妙、滅、民、名、明、鳴、冥、銘、命、魔、膜、摩、磨、抹、黙。

2. 现代汉语普通话声母为 b、p、f

这一组的日语汉字音读都在ば、は两行，这是因为古汉语无"轻唇音"，凡现代汉语普通话声母为 f 的，古代汉语都在帮 /p/、旁 /p'/、并 /b/ 三声母。而日语古时无 /h/ 音，现今书写为は行的古时都读为今天的ぱ行，今天的ぱ行是后来才产生以拼读原は行 /p/ 的读音的。于是，在对应古汉语帮、旁、并三字母上，日语汉字音读为ば（吴音）、は（汉音）两行。

下面我们来按照普通话声母 b、p、f 的顺序来具体看看。

①普通话声母为 b 的，日语汉字音读为ば行的字 14 个：抜、棒、傍、暴、爆、備、倍、鼻、便、弁、別、勃、部、簿。

②普通话声母为 b 的，日语汉字音读为は行的字较多，有 77 个：八、把、罷、霸、百、敗、拝（拜）、班、斑、般、頒、搬、坂、阪、版、半、伴、邦、包、胞、褒、薄、宝、飽、保、報、抱、卑、杯、悲、碑、北、背、被、輩、奔、本、崩、比、彼、筆、幣、必、閉、陛、蔽、弊、壁、避、璧、辺（邊）、編、変、遍、標、表、俵、賓、浜（濱）、氷、兵、丙、柄、餅、併、並、波、剥、鉢、伯、泊、舶、補、哺、捕、布、怖。

③普通话声母为 b 的，日语汉字音读ば行、は行两读的字不多，仅有 6 个：白、板、病、博、不、步。

④普通话声母为 p 的，日语汉字音读为ば行的字 12 个：盤、陪、培、賠、盆、膨、瓶、婆、剖、僕、撲、朴。

⑤普通话声母为 p 的，日语汉字音读为は行的字较多，有 29 个：拍、俳、排、派、畔、泡、砲、配、噴、批、披、皮、疲、匹、癖、偏、片、漂、票、頻、品、平、評、塀、迫、破、舗、普、譜。

⑥普通话声母为 p 的，日语音ば行、は行两读的字不多，仅有 2 个：判、貧。

⑦普通话声母为 f 的，日语汉字音读为ば行的字 13 个：乏、伐、罰、閥、番、坊、防、妨、房、肪、紡、仏（佛）、縛。

⑧普通话声母为 f 的，日语汉字音读为は行的字较多，有 71 个：発（發）、髪、法、帆、翻、藩、繁、反、返、犯、氾、汎、飯、範、販、方、芳、倣、訪、放、飛、妃、非、扉、肥、廃（廢）、沸、肺、費、紛、雰、墳、粉、奮、憤、豊、

17

風、封、峰、蜂、縫、俸、否、夫、膚、敷、伏、扶、払（拂）、服、浮、符、幅、福、府、腐、父、訃、付、負、婦、附、阜、復、複、赴、副、富、賦、腹、覆。

⑨普通话声母为 f 的，日语音ば行、は行两读的字不多，仅有 4 个：凡、煩、分、奉。

由于日语古时和现在的语音系统有差别，现在日语的汉字音读中除了在多汉字词非首字的促音化及连半浊现象以外，没有任何单字发音其辅音为 /p/，原读 /p/ 字中的辅音已全部改读 /h/。加之日语中也没有唇齿音 /f/，所以这一组能够用于辅助语音教学的字就只有那些汉语声母为 m，而日语只读ま行第三组的 42 个字。

日语ぱ行假名的辅音的 /p/ 虽然不用于汉字音读词头的发音，但是可以作为 /h/ 的变体出现在促音和拨音后。日语的ぱ行假名在外来语或拟声词中可以用于词首，其辅音发音变体类似于汉语拼音的 p。再加上这些字的汉语声母与日语汉字音读的差异来综合考虑的话，这几个汉语声母对日本学生的难易梯度为 m＜b＜p＜f。

（三）现代汉语声母为 d、t、n、l 的汉字在日语汉字音读中的表现

这一组声母发音部位都在舌尖中部，其中 d、t 是爆破音：d 不送气，t 需要送气，n 是鼻音，l 是边音。从发音方法上来看，d、t 是清音，n、l 是浊音。仍然按照在日语汉字音读中发音分布情况由简单到复杂的顺序进行排列的原则，我们下面按照普通话声母 l、d、t、n 的顺序进行分析。

1.普通话声母为 l

这一组的字共有 111 个，因其古代汉语声母也大都为 l，在日语汉字音读中几乎全部对应为ら行，除了一个字例外："賃"读た行音。这是因为中古以前汉语其声母为 n，对应吴音な行；中古以后塞音化后读过 /nd/，对应汉音た / だ行。直至近代汉语其声母才转读为 l，日语汉字音读中保留了 /nd/ 的对应形式，今天读作ちん。

剩下的 110 个字为：拉、辣、来、頼、欄、藍、覧、濫、郎、廊、朗、浪、労、老、酪、楽、雷、塁（壘）、涙、類、累、冷、厘、離、璃、礼、理、裏、里、力、暦、歴、立、吏、麗、励、利、例、戻、隷、慄、粒、痢、連、廉、練、錬、恋、良、涼、糧、両（兩）、量、療、僚、寮、了、料、瞭、列、劣、烈、猟（獵）、裂、隣、林、臨、霊（靈）、鈴、陵、零、齢、領、令、留、流、硫、

瑠（琉）、柳、六、竜（龍）、籠、隆、楼、漏、露、炉、虜、陸、録、賂、路、麓、呂、侶、路、履、律、慮、緑、卵、乱、略、倫、輪、論、羅、裸、絡、落。

与 b、p 相类似，汉字中普通话声母为 d、t 的，因其古代汉语声母多在端 /t/、透 /t'/、定 /d/ 三字母上，在日语中对应的则是だ、た两行。

2. 普通话声母读 d，日语汉字音读为だ行

这一组的字有 15 个：打、弾、導、第、電、動、働、洞、独、段、断、鈍、奪、堕、惰。

3. 普通话声母读 d，日语汉字音读为た行

这一组的字有 75 个：搭、奪、達、答、带、待、怠、貸、逮、戴、丹、担、胆、誕、淡、当、党、刀、島、倒、到、悼、盗、稲、得、徳、灯、登、等、低、堤、滴、的、敵、笛、嫡、邸、底、抵、帝、逓（遞）、諦、締、典、点、店、彫、弔、釣、調、迭、丁、町、頂、訂、東、冬、凍、棟、都、斗、闘（鬥）、痘、督、篤、賭、妬、渡、端、鍛、堆、隊、対、頓、多。

4. 普通话声母读 d，日语汉字音读为だ行、た行两读

这一组的字有 8 个：大、代、旦、道、弟、殿、読（讀）、度。

另外，矛盾的"盾"日语汉字音读为じゅん，不在だ、た两行范围之内，这是因为该字汉语另有一读音为 shǔn，日语取该读音而不取 dùn。

5. 普通话声母读 t，日语汉字音读为だ行

这一组的字有 12 个：貪、曇、談、堂、題、同、銅、童、脱、駄、妥、唾。

6. 普通话声母读 t，日语汉字音读为た行

这一组的字有 54 个：他、塔、踏、胎、太、汰、態、泰、嘆、炭、探、湯、唐、糖、逃、陶、討、騰、膳、藤、提、体、替、天、添、填、挑、眺、貼、鉄、庁、聴、廷、亭、庭、停、艇、通、統、筒、痛、投、透、凸、突、徒、塗、途、吐、退、屯、豚、託、拓。

7. 普通话声母读 t，日语汉字音读为だ行、た行两读

这一组的字有 6 个：台、壇、頭、図（圖）、土、団（團）。

8. 普通话声母为 n

这一组的汉字，与声母 l、d、t 相比，来源略为复杂了。

依照我们前面的分析，古汉语声母本来为 n 的，日语汉字音读为な行和た / だ行。其中：

①日语汉字音读为な行的字有15个：那、奈、南、難、悩、脳、能、尼、年、捻、尿、寧、農、濃、弄。

②读为だ（た）行的字有10个：耐、泥、匿、溺、鳥、奴、努、怒、暖、諾。

③な行、だ（た）行两读的字不多，仅有3个：納、男、内。

还有一些字今天声母为 n 的，中古以前属疑母字，即当时声母为 ng，其相应的日语汉字音读在が行。这样的字也较少，有5个：擬、逆、凝、牛、虐。

与上一部分内容类似，对比过了中日两国汉字的相关发音，我们可以看出这部分的日语汉字中可以用来进行语音辅助教学的有汉语声母读 n 的，日语汉字中音读只为な行的15个字，还有辅音与汉语声母 d 读音相同的清塞音 /t/，即第（三）类中只读た行的75个字，这些字都可以在语音对比教学中用到。/t/ 在日语词首的发音变体类似于汉语的声母 t。

而汉语的声母 l 与日语中的发音不太相同，但是有较为近似的发音，即 l 与ら行假名的辅音发音方法相同而发音部位不同。故此组声母对于日本人来说，学习难易梯度为 n＜d＜t＜l。

（四）现代汉语声母 g、k、h 在日语汉字音读中的表现

这一组声母发音部位都在舌根部，其中 g、k 是爆破音：g 不送气，k 需要送气，h 是擦音。从发音方法上来看，它们都是清音。仍然按照在日语汉字音读中发音分布情况由简单到复杂的顺序排列的原则，我们下面按照普通话声母 g、k、h 的顺序进行分析。

1. 现代汉语普通话声母为 g、k

这一组的汉字，其日语汉字音读绝大多数为か行音，有少数读为が行音。这是源于对古汉语中见、溪、群组字声母的继承。

①普通话声母为 g，日语汉字音读为か行的字有82个：改、干、乾、幹、甘、肝、敢、感、紺、綱、港、高、稿、告、割、歌、閣、革、格、葛、隔、箇、個、各、給、根、更、耕、梗、工、弓、公、功、攻、供、恭、共、貢、勾、溝、構、購、孤、古、谷、穀、股、骨、鼓、固、故、顧、雇、錮、科、寡、掛、拐、怪、関、観、官、冠、棺、館、管、貫、慣、缶（罐）、光、広（廣）、帰、亀（龜）、規、軌、鬼、貴、郭、国、果、菓、過。

②普通话声母为 g，日语汉字音读为が行的字有4个：該、蓋、概、剛。

③普通话声母为 g，日语汉字音读为か行、が行两读的字仅有1个：宮。

④普通话声母为 k，日语汉字音读为か行的字有45个：開、楷、刊、看、勘、

堪、康、抗、考、苛、科、殼、可、渴、克、刻、客、課、肯、墾、懇、坑、空、孔、恐、控、口、枯、窟、苦、庫、酷、誇、塊、快、寬、款、狂、況、鉱（鑛）、潰、昆、困、拡（擴）、括。

⑤普通话声母为 k，日语汉字音读为が行的字只有 2 个：慨、拷；普通话声母为 k，か行、が行两读的字则没有。

2. 现代汉语普通话声母为 h

这一组的汉字，其来源比读 g、k 的复杂一点：日语汉字音读绝大多数为か/が行音，这源于对古汉语母的音转；而另有少数读为あ行或わ行音，则源于古汉语的匣母字。

①日语汉字音读为か行的字有 62 个：海、韓、寒、漢、汗、憾、航、好、喝、何、河、核、荷、嚇、褐、黑、痕、恨、恒、衡、紅、洪、侯、喉、后、厚、候、呼、弧、湖、虎、戶、花、華、滑、化、懷、壞、歡、還、環、緩、換、喚、患、荒、慌、皇、灰、揮、輝、悔、毀、婚、魂、混、活、火、貨、獲、穫、禍。

②日语汉字音读为が行的字有 10 个：骸、害、含、豪、号、劾、賀、互、護、幻。

③か行、が行两读的字有 3 个：合、後、画。

④日语汉字音读为あ行的字有 2 个：横、彙。

⑤日语汉字音读为わ行的字有 3 个：話、賄、惑。

此外还有あ行、わ行两读的 1 个：和。あ行、か行两读的 5 个：黄、回、会、絵、惠。另有一个字"耗"有こう、もう两读：其中读もう是其惯用音，源于日本人见到其声旁"毛"而产生的讹读。

这一组字中，可以用来进行汉语声母的辅助教学的日语汉字有教学普通话声母为 g，日语汉字音读为か行的字 82 个，能够用在语音阶段的对比辅助教学上。日语 /k/ 在词首的发音变体类似于汉语的 k，而日语的は行假名的辅音 /h/ 与汉语 h 发音部位不同而方法相同。故我们由这节总结出日本学生学习该组汉语声母的难度梯度为 g ＜ k ＜ h。

（五）现代汉语声母 j、q、x 在日语汉字音读中的表现

这一组发音部位都位于舌面，其中 j、q 是塞擦音：j 不送气，q 需要送气，x 是擦音。从发音方法上来看，它们都是清音。现代汉语声母读为 j、q、x 的汉字绝大多数是由以下三部分合并而来的：第一部分是属于在中古汉语中读喉音的晓、匣二母；第二部分是属于中古汉语中读为喉音的牙音的见、溪、群三母。这两部分中今天普通话读 j、q、x 的字在近代汉语中较先完成颚化。第三部分是属

于中古汉语中读为齿头音的精、清、从、心、邪五母字。这一组比前两组完成颚化的时间要晚，在现代汉语的吴方言中，各个地点方言中此组字都不同程度地保留了未颚化前的读音，而属喉、牙音组的则未颚化的字要较少一些。而在粤方言中，此组字与前两组字的声母都完全没有颚化，此类现象在今天的一些地方戏曲（如京剧）中则表现为尖团音的对立：尖音即普通话声母为 j、q、x 未颚化的精组字，而团音即为已经颚化了的晓、见两组字。在日语汉字音读中的表现则为晓、见两组读为か行、が行，而精组字读为さ行、ざ行。下面我们展开讨论。

1. 普通话声母为 j，日语汉字音读为か行

这一组的字有 120 个：幾、飢、机、機、鶏、基、稽、畿、及、吉、級、急、己、計、記、伎、紀、忌、季、既、継、寄、加、佳、家、甲、仮（假）、価（價）、架、嫁、稼、堅、間、肩、監、兼、繭、倹（儉）、検（檢）、簡、見、件、建、剣（劍）、健、艦、鑑、鍵、江、講、降、交、郊、角、絞、矯、脚、叫、較、教、酵、階、皆、揭、傑、詰、潔、結、介、戒、界、巾、今、斤、金、筋、襟、僅、緊、錦、謹、近、禁、京、経、茎、驚、競、景、憬、警、経、敬、境、鏡、糾、究、九、久、旧、臼、救、拘、居、局、菊、举、巨、句、拒、拠（據）、距、卷、絹、決、覚、掘、君、均、菌。

2. 普通话声母为 j，日语汉字音读为が行

这一组的字有 10 个：撃、激、技、減、鯨、具、劇、惧、軍、郡。

3. 普通话声母为 j，日语汉字音读为か行、が行两读

这一组的字有 3 个：極、街、解。

4. 普通话声母为 j，日语汉字音读为さ行

这一组的字有 34 个：積、即、疾、集、嫉、籍、脊、跡、際、済、祭、績、箋、煎、薦、践、将、奨、匠、焦、礁、接、節、借、津、進、浸、晶、精、井、酒、狙、爵、俊。

5. 普通话声母为 j，日语汉字音读为ざ行

这一组的字有 5 个：剤、漸、尽、净、絶。

6. 普通话声母为 j，日语汉字音读为さ行、ざ行两读

这一组两读的字有 3 个：寂、静、就。

7. **普通话声母为 q，日语汉字音读为か行**

这一组的字有 41 个：祈、期、岐、騎、棋、旗、企、啓、起、気（氣）、棄、汽、泣、契、器、憩、謙、遣、欠（缺）、橋、巧、琴、軽、傾、慶、窮、丘、求、球、区、曲、駆、屈、去、圏、拳、犬、勧、券、却、碓。

8. **普通话声母为 q，日语汉字音读为が行**

这一组的字有 3 个：欺、碁、群。

9. **普通话声母为 q，日语汉字音读为か行、が行两读**

这一组的字有 3 个：強、勤、権。

10. **普通话声母为 q，日语汉字音读为ざ行**

这一组的字有 26 个：七、妻、凄、戚、漆、斉（齊）、千、遷、銭、潜、浅、切、窃、親、侵、寝、青、清、晴、請、秋、囚、取、趣、詮、泉。

11. **普通话声母为 q，日语汉字音读为ざ行**

这一组的字有 2 个：前、全。

12. **普通话声母为 q，日语汉字音读为さ行、ざ行两读**

这一组的字有 1 个：情。

另有一字"鉛"日语汉字音读为えん，不适用于上述规则。这是因为其读音在中古汉语为喻母字，若按读音规律发展，今音应读为零声母，读作 yán。不过此字另有一常用音为 qiān，而在专有名词地名用字时仍读作 yán（铅山）。

13. **普通话声母为 x，日语汉字音读为か行**

这一组的字有 48 个：吸、希、渓、喜、系、峡、暇、轄、閑、賢、顕、険（險）、県（縣）、憲、陥、献、香、享、響、向、項、孝、効、校、脅、挟、諧、携、械、興、刑、型、幸、凶、兄、胸、休、朽、嗅、虚、許、軒、懸、靴、穴、血、勲、訓。

14. **普通话声母为 x，日语汉字音读为が行**

这一组的字有 10 个：犠、戯、隙、弦、舷、現、限、暁、玄、学。

15. **普通话声母为 x，日语汉字音读为か行、が行两读**

这一组的字有 6 个：下、夏、嫌、郷、行、形。

16. **普通话声母为 x，日语汉字音读为さ行**

这一组的字有 49 个：夕、西、昔、析、息、習、席、襲、洗、細、仙、鮮、繊（纖）、線、羨、腺、相、詳、祥、想、削、宵、消、硝、小、肖、笑、斜、写、謝、心、芯、薪、信、星、醒、姓、性、修、羞、秀、袖、須、婿、宣、旋、選、雪、遜。

17. 普通话声母为 x，日语汉字音读为ざ行

这一组的字有 12 个：璽、像、邪、需、徐、序、叙、続（續）、尋、巡、迅、殉。

18. 普通话声母为 x，日语汉字音读为さ行、ざ行两读

这一组的字有 3 个：象、旬、循。

另外"雄"字本应属于か行与が行组，但是其读音为零辅音的ゆう，"緒"字有さ行和た行两种读音：しょ、ちょ，"蓄"日语汉字音读为ちく，和它汉语普通话的另一个读音 chù 相对应。

这一组字中日汉字声母 / 辅音发音位置不同，无法在语音对比辅助教学中利用。由前面的汉语声母对日本学生学习的难度梯度，我们不难推理出这组的难度梯度，为 x<j<q。这是由于在相同发音部位，擦音的学习要比塞擦音容易，而在塞擦音中不送气音的发音要比送气音简单。

（六）现代汉语声母 zh、ch、sh、r 在日语汉字音读中的表现

这一组发音部位都位于舌尖后部，在正确发音时舌头前部会翘起，故习惯上称为"翘舌音"。其中 zh、ch 是塞擦音：zh 不送气，ch 需要送气，sh、r 是擦音。从发音方法上来看 zh、ch、sh 是清音，r 是浊音。这一组现代汉语声母读为 zh、ch、sh 的汉字来源比较广：其中读 zh 组者由中古汉语中舌音知母、澄母中的一部分，齿音庄母、崇母的一部分等转变而来；读 ch 组者由中古汉语中舌音彻母、澄母中的一部分，齿音初母的大部分、崇母的一部分等转变而来；读 sh 组者由中古汉语中舌音船母的大部分、禅母的一部分，齿音初母的一部分、山母的一部分等转变而来。普通话读这三组声母的字，中古声母读为舌音的，日语汉字音读则多在た、だ两行；中古声母读为齿音的，日语汉字音读则多在さ、ざ两行。

相对于以上三组清音，读浊音的 r 组相对来说来源较为单一，基本上由中古汉语中半舌音日母字继承而来，其日语汉字音读吴音为な行、汉音为ざ行。另外有几个为数不多的按照读音规则变化在现代汉语中本应变为读作零声母而变化成了声母为 r 的喻母字(主要是几个现在普通话读 róng 的字)，其日语汉字音读为あ、や行，正应了今天普通话的零声母。下面我们按照 r、sh、zh、ch 的顺序展开讨论。

1. 普通话声母为 r，日语汉字音读为な行

这一组的字有 10 个：燃、熱、忍、認、任、妊、肉、乳、入、軟。

2. 普通话声母为 r，日语汉字音读为ざ行

这一组的字有 8 个：壤、譲、刃、冗、儒、辱、潤、弱。

3. 普通话声母为 r，日语汉字音读为な行、ざ行两读

这一组的字有 7 个：然、人、仁、日、柔、如、若。

4. 普通话声母为 r，日语汉字音读为あ行

这一组的字有 2 个：栄、鋭。

5. 普通话声母为 r，日语汉字音读为や行

这一组的字有 3 个：容、溶、融。

另有一字普通话声母为 r，日语汉字音读为さ行：染（せん）。

6. 普通话声母为 sh，日语汉字音读为さ行

这一组的字有 85 个：殺、沙、砂、山、扇、傷、商、賞、焼、少、紹、舎、捨、設、社、射、渉、赦、摂（攝）、申、伸、身、紳、娠、深、慎、升、昇、生、声、牲、省、聖、勝、失、師、詩、施、湿、石、識、史、矢、使、始、世、市、式、勢、視、試、飾、室、拭、逝、釈（釋）、誓、収、手、守、首、狩、痩、書、叔、枢、殊、淑、疎、暑、署、数、束、庶、刷、衰、帥、率、栓、双、霜、爽、水、睡、瞬。

7. 普通话声母为 sh，日语汉字音读为ざ行

这一组的字有 26 个：善、繕、膳、舌、蛇、腎、縄（繩）、剰、十、時、実（實）、事、侍、是、寿、受、授、獣、塾、熟、属、術、述、樹、税、順。

8. 普通话声母为 sh，日语汉字音读为さ行、ざ行两读

这一组的字有 10 个：上、尚、神、審、盛、拾、食、仕、示、説。

另："適"今读 shì，古通"谪（讁）"，音 zhé，旧读入声，其日语汉字音读为てき，符合对应规律。"輸"今读 shū，日语汉字音读为ゆ，与其声旁"俞"音 yú 相应。

9. 普通话声母为 zh，日语汉字音读为さ行

这一组的字有 77 个：札、詐、搾、柵、斎、占、戦、桟、章、彰、掌、障、招、昭、沼、召、詔、照、遮、折、者、針、真、診、振、震、争、征、整、証、

政、症、支、枝、織、肢、脂、執、職、植、殖、止、隻、旨、紙、祉、指、至、志、制、製、質、挚、終、鐘、腫、種、衆、州、舟、周、週、朱、珠、諸、主、煮、瞩、祝、専、桩、荘、装、壮、拙、捉、酌。

10. 普通话声母为 zh，日语汉字音读为ざ行

这一组的字有 12 个：斬、丈、陣、蒸、汁、軸、呪、住、助、状、准、準。

11. 普通话声母为 zh，日语汉字音读为た行

这一组的字有 43 个：摘、宅、展、綻、張、帳、兆、哲、貞、偵、珍、朕、鎮、微、知、値、致、緻、室、滞、稚、置、忠、衷、仲、宇、昼、耐、竹、逐、注、貯、駐、柱、著、築、鋳、転（轉）、追、椎、墜、卓、濯。

12. 普通话声母为 zh，日语汉字音读为だ行

这一组的字有 1 个：濁。

13. 普通话声母为 zh，日语汉字音读为た行、ざ行两读

这一组的字有 5 个：着、直、治、中、重。

另外，"粘"字日语汉字音读为ねん，与该字另一读音 nián 相应，从其可组成的词中也能得到印证：粘膜。

14. 普通话声母为 ch，日语汉字音读为さ行

这一组的字有 41 个：挿、査、察、刹、差、産、償、唱、抄、巣、車、称、承、誠、尺、歯（齒）、叱、斥、赤、衝、憧、崇、愁、酬、醜、臭、出、初、礎、処（處）、触、川、船、窓、床、創、吹、炊、垂、春、唇。

15. 普通话声母为 ch，日语汉字音读为ざ行

这一组的字有 10 个：禅、常、場、城、乗、持、充、銃、除、純。

16. 普通话声母为 ch，日语汉字音读为さ行、ざ行两读

这一组的字有 2 个：臣、成。

17. 普通话声母为 ch，日语汉字音读为た行

这一组的字有 22 个：長、腸、超、朝、嘲、潮、徹、撤、沈、陳、懲、程、澄、痴、池、遅（遲）、恥、勅、沖、虫、抽、畜。

18. 普通话声母为 ch，日语汉字音读为だ行

这一组的字有 1 个：伝（傳）。

此外，另有一字日语汉字音读为た行、さ行两读：茶。

与上一组 j、q、x 类似，这一组字的中日汉字声母 / 辅音发音位置也不同，无法在语音对比辅助教学中利用。

由前面几组发音部位的声母我们可得出日本学生在学习这组声母的难易梯度为 sh<r<zh<ch。r 比 sh 难的原因是，位于同一发音部位的擦音，浊音要难于清音。

（七）现代汉语声母 z、c、s 在日语汉字音读中的表现

这一组发音部位都位于舌尖前部，习惯上称为"平舌音"。其中 z、c 是塞擦音：z 不送气，c 需要送气，s 是擦音。从发音方法上来看，z、c、s 都是清音。这一组较读为 zh、ch、sh 的汉字来源少了一些：其中读 z 组者由中古汉语中齿音精母、从母、庄母的一部分外加上澄母中几个按照规律今日普通话应该转读 zh 声母的转变而来，读 c 组者由中古汉语中齿音清母、从母中的一部和初母、崇母中的个别字等转变而来，读 s 组者由中古汉语中齿音心母、邪母的一部分和山母的几个字等转变而来。它们在日语汉字音读中大多对应さ、ざ两行，下面我们来按照 s、z、c 的顺序展开讨论。

1. 普通话声母为 s，日语汉字音读为さ行

这一组的字有 43 个：塞、三、伞、散、桑、丧、骚、扫、色、森、僧、糸（絲）、司、私、思、死、四、饲、嗣、松、讼、送、搜、诉、肃、素、速、宿、塑、遡、酸、算、遂、歳、砕（碎）、穂、孙、损、唆、缩、所、索、鎖。

2. 普通话声母为 s，日语汉字音读为ざ行

这一组的字有 6 个：渋（澀）、寺、似、俗、随、髄。

3. 普通话声母为 z，日语汉字音读为さ行

这一组的字有 39 个：捘、灾、栽、宰、载、再、赞、葬、遭、早、藻、乾、则、责、諮、姿、资、子、姊、紫、恣、宗、踪、総、走、奏、租、足、卒、阻、组、祖、最、醉、尊、昨、左、佐、作。

4. 普通话声母为 z，日语汉字音读为ざ行

这一组的字有 16 个：雑、在、暫、臓、造、贼、增、憎、赠、字、自、縦、族、罪、遵、座。

5. 普通话声母为 z，日语汉字音读为た行

这一组的字有 2 个：择（擇）、沢（澤），这两个字正是上面提到的澄母中

今声母未转读 zh 而转读了 z，今日的普通话中它们都读 zé，而日语汉字音读皆为たく，正是上古定母而分化出的中古澄母。

6.普通话声母为 c，日语汉字音读为さ行

这一组的字有 36 个：擦、才、裁、采、採、彩、菜、参、蚕、倉、操、曹、槽、草、册、侧、测、策、層、曽、詞、雌、伺、刺、賜、粗、促、酢、蹴、催、粹（粋）、村、寸、撮、措、錯。

7.普通话声母为 c，日语汉字音读为ざ行

这一组的字有 7 个：材、残、蔵、慈、辞、磁、挫。

8.普通话声母为 c，日语汉字音读为さ行、ざ行两读

这一组的字有 5 个：财、惨、次、従、存。

这一组字中中日汉字声母 / 辅音在口腔中完全在同一发音位置的字有汉语声母读 s，日语仅读さ行音的 43 个字中的 22 个字，要除去的是日语音读为し开头的 21 个：森、糸（絲）、司、私、思、死、四、飼、嗣、糸（絲）、司、私、思、死、四、飼、嗣、粛、宿、縮、所。剩下的 22 个字可以运用于语音对比辅助教学中。虽然日语假名つ及其词首变体分别与汉语的 z、c 发音接近，但是つ在日本汉字音读的开头很少见，仅有的几个字其音读发音 /ts/ 时，汉语汉字不读 z 或 c。

故这组汉语声母对于日本学生学习难度梯度为 s<z<c。

由本部分内容我们可以总结出，在现代汉语声母中与日语汉字音读的辅音发声方法完全一致的发音有仅有 m、d、n、g、s 五个，我们可以在这五个声母中找出中日两国都较常用的汉字，来进行对日汉语语音教学的辅助教学与发音练习。汉语声母 b 虽无日语汉字单独发此音，但是其发音在日语语音体系中能找到。

总结这一节，可得出日本学生学习汉语声母时总的难度梯度：m、n、s<b、d、g、z<f、l、h<x、j、q<sh、r、zh、ch。

二、现代汉语韵母在日语汉字音读中的表现

上面我们分析了声母，这回我们来看一下韵母。上古汉语的韵母按照明清以来汉语语言学家的考订，在西周时代，汉语的韵部应有大约 30 个。六朝时期，由于诗歌创作的需要，汉语的四声即"平、上、去、入"被明确提出。除了入声因尾音不同外，原来属同一韵部而声调不同的平、上、去三声都被划分成不同的韵部。到了隋朝，陆法言的《切韵》问世，韵部已经细分到 200 来部。随着汉语

语音的发展变化，继《切韵》之后的《广韵》《集韵》《平水韵》等韵部也都有不同的变化。

元朝以后，汉语北方话由于受阿尔泰语的影响，浊声母逐渐消失，并入同发音部位的清声母，由此也导致了平声有了阴阳的分化。与此同时，入声的塞尾也渐渐消失，入声于是就慢慢并入其他声调。与阴阳平的分化类似，入声也根据声母的不同，而分别并入不同的声调。只不过在现代汉语中，该规律的例外较多。

另外，元《中原音韵》韵部比前代的诸多韵书韵部都少了很多，这是因为除汉语韵母的简化合并外，《中原音韵》韵部的分类方法与明清学者划分上古汉语韵部时的标准一样，不把声调的不同作为划分不同韵部的依据，而只是在每个韵部中按当时"官话"的阴、阳、上、去四声和旧入声分派新四声来列出每个韵部中不同声调有哪些字。由此可以看出，当时的"官话"已近比较接近今天的北京话。

（一）现代汉语单元音韵母字在日语汉字音读中的表现

在现代汉语中，以单元音作韵母的汉字发音只有极少数古今变化不大，剩下的绝大多数都是由古汉语的其他韵母（主要是带塞尾的古入声韵和一部分复元音韵母，另外还有极少的鼻辅音韵尾韵母）简化而来的。这其中，除舌面元音 ê 只有一个零声母字"欸"作语气词以外，再就只有以卷舌元音 er 作韵母的字也只有零声母的几个字。与之相反的是，以两个舌尖元音作韵母的字没有零声母字。

前面我们已经讲过，这些读 er 的字都是由古日母字中分化演变而来的，而舌尖韵母则由古韵部中的之部、职部、铎部、支部、锡部、脂部、质部、月部、缉部等韵部中的一些字演变而来。在这些韵部中，职部、铎部、质部（"肆"字除外）、月部、缉部只分化出舌尖后元音韵母，而锡部则只分化出"刺""赐"等极少数几个舌尖前元音韵母字。

此外，读作其他单元音韵母的汉字都不算太少。再有，除去今天读 er 组的几个零声母字外，其他组读单元音和后面将要提到的一些读复元音的字大多都包含古汉语入声字。我们暂且不提入声字，将它们放在最后单独讨论。

1. 普通话韵母为单元音韵母 er

这一组字有 5 个，日语汉字音读都为い段元音：儿（兒）、耳、餌、二、弐（貳）。

2. 普通话韵母为单元音韵母 -i（前）

这一组字，日语汉字音读字有 28 个，都读为い段元音：詞、慈、辞、雌、次、伺、刺、賜、糸（絲）、司、私、思、死、四、寺、似、飼、嗣、諮、姿、資、滋、子（す）、姊、紫、字、自、恣。

3. 普通话韵母为单元音韵母 -i（后）

①日语汉字音读有 42 个读为い段元音：痴、池、遅（遲）、持、歯（齒）、恥、師、詩、施（せ）、時、史、矢、使、始、士、氏、仕、市、示、事（ず）、視、試、支、枝、知、肢、脂、値、止、旨、紙、祉、指、至、志、誌、治、摯、致、緻、稚、置。

②日语汉字音读有 6 个读为え段元音 + い：世、勢、逝、誓、制、製。

③日语汉字音读有 1 个读为え段元音：是。

④日语汉字音读有 1 个读为あ段元音 + い：滯。

4. 普通话韵母为单元音韵母 a

①日语汉字音读为あ段元音的字有 14 个：把、覇、査、差、打、拉、麻、馬、罵、那、沙、砂（しゃ）、他、詐。

②日语汉字音读为い段元音的字有 1 个：罷。

③日语汉字音读为あ段拗音的字有 1 个：茶（さ）。

④日语汉字音读为あ段元音 + い的字有 1 个：大。

5. 普通话韵母为单元音韵母 o

①日语汉字音读为あ段元音的字有 6 个：波、魔、摩、磨、婆、破。

②日语汉字音读为お段元音的字有 1 个：模

6. 普通话韵母为单元音韵母 e

①日语汉字音读为あ段拗音的字有 9 个：車、蛇（だ）、舎、捨、社、射、赦、遮、者。

②日语汉字音读为あ段元音的字有 11 个：歌、箇、何、和（お）、河、荷、賀、苛、科、可、課。

③日语汉字音读为お段元音的字有 1 个：個。

④日语汉字音读为あ段元音 + い的字有 1 个：劾。

7. 普通话韵母为单元音韵母 i

①日语汉字音读为い段元音的字有 67 个：鼻、比、彼、避、地、幾、飢、机、

機、奇、基、記、伎、紀、技、忌、畿、季、既、寄、離、璃、里、裏、理、吏、利、痢、秘、尼、擬、批、披、皮、疲、祈、期、欺、岐、騎、棋、旗、企、起、気（氣け）、棄、汽、器、希、犠、璽、喜、戯、衣、医、依（え）、儀、宜、移、遺（ゆい）、疑、以、椅、義、議、異、意。

②日语汉字音读为え段元音＋い的字有 39 个：幣、閉、陛、蔽、弊、低、堤、邸、抵、弟（だい、で）、帝、逓（遞）、諦、締、鶏、稽、計、継、礼、麗、励、例、戻、隷、迷、米（まい）、泥、凄、斉（齊）、啓、契、憩、提、西（さい）、渓、系、係、芸（藝）、詣。

③日语汉字音读为あ段元音＋い的字有 10 个：第、際、剤、済、祭、妻、題、体（てい）、替、細。

④日语汉字音读为お段元音的字有 2 个：己（き）、碁。

"厘"的汉字音读比较特殊，为りん，后面多了个拨音。

8. 普通话韵母为单元音韵母 u

①日语汉字音读为お段元音的字有 57 个：補、哺、捕、歩（ぶ、ふ）、簿、礎、粗、賭、姑、渡、孤、古、股、鼓、固、故、顧、雇、錮、呼、弧、湖、虎、互、戸、護、庫（く）、露、炉、賂、路、母、募、墓、慕、暮、奴、努、怒、舗、疎、訴、素（す）、塑、遡、徒、塗、途、土、吐、汚、呉、五、午、誤、悟、貯。

②日语汉字音读为う段元音的字有 32 个：不、布、怖、部、夫（ふう）、膚、敷、扶、浮、符、府、腐、父、訃、付、負、婦、附、阜、赴、富（ふう）、賦、苦、普、譜、図（と）、無、武、侮、舞、務、霧。

③日语汉字音读为お段拗音的字有 12 个：初、除（じ）、処（處）、虜、如、書、暑、署、庶、諸、助、著。

④日语汉字音读为う段长音的字有 2 个：枢、数（す）。

⑤日语汉字音读为う段拗音的字有 6 个：儒、輸、樹、朱、珠、主（す）。

⑥日语汉字音读为あ段拗音的字有 1 个：煮。

⑦日语汉字音读为う段拗长音的字有 7 个：蹴、乳、住、注、駐、柱、鋳。

9、普通话韵母为单元音韵母 ü

①日语汉字音读为お段长音的字有 1 个：拘。

②日语汉字音读为お段元音的字有 5 个：狙、呂、娯、語、預。

③日语汉字音读为お段拗音的字有 24 个：居、挙、巨、拒、拠（據）、距、

侣、旅、虑、女（にょう）、去（こ）、虚（こ）、徐、许、序、叙、绪、余、魚、漁（りょう）、与、予、御（ご）、誉。

④日语汉字音读为う段元音的字有 10 个：句、具、惧、区、驱、须、愚、宇、羽、雨。

⑤日语汉字音读为い段元音的字有 1 个：履。

⑥日语汉字音读为う段拗音的字有 7 个：取、趣、需、愉、谕、喻、癒。

⑦日语汉字音读为え段元音 + い的字有 1 个：婿。

⑧日语汉字音读为う段长音的字有 2 个：隅、遇。

⑨日语汉字音读为う段拗长音的字有 1 个：裕。

在以上除 ê 外的 9 个单元音韵母组字中，有以下几组中日汉字韵母 / 元音发音近似：①普通话韵母为单元音韵母 a、日语汉字音读为あ段元音的字有 14 个；②普通话韵母为单元音韵母 i、日语汉字音读为い段元音的字 67 个；③普通话韵母为单元音韵母 u、日语汉字音读为う段元音的字 32 个；④普通话韵母为单元音韵母 o、日语汉字音读为お段元音的字 1 个。这些字可以用于语音对比辅助教学中。

（二）现代汉语复元音韵母在日语汉字音读中的表现

在现代汉语汉字的读音中，复元音韵母共有 23 个。它们基本上是从古代的复元音韵母继承而来的，如 ao、ou。也有一部分复元音韵母（主要是 i 开头的）是古汉语的声母发生了颚化后，而由单元音韵母转化成了复元音韵母，如 ia、ioa。还有一部分韵母可以细分为二合韵母和三合韵母，而一部分二合韵母又是由原三合韵母中分化出来的，如一部分今天韵母读 ei 的字旧读为 uei，介音 u 发生了脱落。

在现代日语中，汉字音读的三合元音只剩下了不多的几个，绝大多数的二合元音也都已经并入单元音。与汉语复元音类似的元音组合今天能够见到的还有や（い+あ）、ゆ（い+う）、よ（い+お）、わ（う+あ）。以上的元音及元音组合都可用于日语汉字的音读。

除此之外，う、え、お三段的长音（书面上为う段+う、え段+い、お段+う），还有常见的元音组合あい、うい等也可用于日语汉字的音读。下面我们来逐一对比。

1. 普通话韵母为前响二合复韵母 ai

①日语汉字音读为あ段元音 + い的字有 51 个：哀、爱、暧、敗、拝（拜）、

才、材、财、裁、采、採、彩、菜、代、带、待、怠、贷、袋、逮、戴、该、改、盖、概、骸、海、害、开、慨、楷、来、赖、埋、买、壳（賣）、耐、俳、排、塞（关塞）、太（た）、態、泰、灾、栽、宰、载、再（さ）、在、斋、债。

②日语汉字音读为あ段元音的字有 3 个：奈、派、汰。

2. 普通话韵母为前响二合复韵母 ei

①日语汉字音读为い段元音的字有 13 个：卑、悲、備、被、飛、妃、非、扉、肥、费、眉、美、魅。

②日语汉字音读为あ段元音＋い的字有 18 个：杯、背、倍、輩、廃（廢）、肺、雷、枚、梅、媒、每、妹、昧、内、陪、培、赔、配。

③日语汉字音读为う段元音＋い的字有 4 个：垒（壘）、泪、類、累。

3. 普通话韵母为前响二合复韵母 ao

①日语汉字音读为お段长音的字有 52 个：凹、傲、奥、包、胞、宝、飽、報、抱、暴、操、曹、槽、草、巢、刀、導、島、倒、悼、盗、道、稲、高、稿、豪、好、号、耗、考、拷、劳、老、冒、貿、帽、貌、恼、脑、泡、砲、騒、掃、逃、桃、陶、討、遭、早（さっ）、藻、造、燥。

②日语汉字音读为お段音的字有 2 个：保、茂。

③日语汉字音读为お段拗长音的字有 17 个：抄、超、朝、嘲、潮、猫、毛、燒、少、紹、招、昭、沼、召、兆、詔、照。

日语汉字音读为う段音的字有 1 个：矛。

4. 普通话韵母为前响二合复韵母 ou

①日语汉字音读为う段拗长音的字有 14 个：抽、愁、酬、醜、臭、收、獣、州（す）、舟、周、週、宙、昼、酎。

②日语汉字音读为お段音的字有 4 个：都（つ）、斗、後（こう）、露（ろう）。

③日语汉字音读为お段长音的字有 25 个：闘（鬥）、豆、痘、勾、溝、構、購、侯、喉、后、厚、候、口（く）、楼、漏、謀（む）、某、剖、瘦、搜、頭（ず、と）、投、透、走、奏。

④日语汉字音读为う段拗音的字有 8 个：手、守（す）、首、寿、受、狩、授、呪。

5. 普通话韵母为后响二合复韵母 ia

①日语汉字音读为あ段音的字有 15 个：加、佳、家（け）、仮（け）、価（價）、架、嫁、稼、暇、下（げ）、夏（げ）、牙（げ）、芽、雅、亜。

②日语汉字音读为あ段元音＋い的字有 2 个：崖、涯。

6. 普通话韵母为后响二合复韵母 ie

①日语汉字音读为あ段元音＋い的字有 8 个：階、皆、街、解（げ）、介、戒、界、諧。

②日语汉字音读为え段元音＋い的字有 3 个：揭、携、械。

③日语汉字音读为あ段拗音的字有 7 个：邪、斜、写、謝、冶、野、夜。

7. 普通话韵母为后响二合复韵母 ua

①日语汉字音读为あ段音的字有 7 个：寡、花、華（け）、化（け）、画、話、瓦。

②日语汉字音读为お段音的字有 1 个：誇。

8. 普通话韵母为后响二合复韵母 o

①日语汉字音读为あ段音的字有 23 个：挫、多、堕、惰、果、菓、過、火、貨、禍、羅、裸、唆、所、鎖、駄、妥、唾、渦、我、左、佐、座。

②日语汉字音读为お段音的字有 1 个：措。

9. 普通话韵母为后响二合复韵母 üe

此韵非古入声字只有 1 个：靴。

10. 普通话韵母为中响三合复韵母 iao。

①日语汉字音读为お段拗长音的字有 45 个：標、表、俵、彫、弔、釣、調、焦、礁、矯、叫、教、療、僚、寮、了、料、瞭、苗、描、秒、妙、鳥、尿、漂、票、橋、挑、条、眺、跳、宵、消、硝、小、暁、肖、笑、妖、腰、窯、謡、揺、要、曜。

②日语汉字音读为お段长音的字有 8 个：交、郊、絞、酵、巧、孝、効、校。

11. 普通话韵母为中响三合复韵母 iou

①日语汉字音读为う段拗长音的字有 36 个：糾、究、九（く）、久、旧、臼、救、就（じゅ）、留（る）、流（る）、硫、瑠（琉）、柳、牛、丘、秋、囚、求、球、休、修（しゅ）、羞、朽、秀、袖、嗅、優、憂、幽、悠、猶、郵、遊（ゆ）、友、有（う）、誘。

②日语汉字音读为う段拗音的字有 3 个：酒、由（ゆう、ゆい）、油。

③日语汉字音读为う段音的字有 1 个：右（ゆう）。

④日语汉字音读为お段拗长音的字有 1 个：幼。

12. 普通话韵母为中响三合复韵母 uɑi

①日语汉字音读为あ段元音＋い的字有 7 个：拐、怪、懷、壞、塊、快、外。

②日语汉字音读为う段元音＋い的字有 2 个：衰、帥。

13. 普通话韵母为中响三合复韵母 uei

①日语汉字音读为う段元音＋い的字有 16 个：吹、炊、垂、粹（粹）、水、睡、隨、髓、遂、穗、推、唯（い）、追、椎、墜、醉（醉）。

②日语汉字音读为あ段元音＋い的字有 16 个：催、堆、隊、对（つい）、灰、回（え）、悔、会（え）、繪、（え）、賄、潰、歲（せい）、碎（碎）、退、最、罪。

③日语汉字音读为い段元音的字有 29 个：歸、龟（龜）、規、軌、鬼、貴、揮、輝、毀、彙、危、威、微、為、囲、違、維、偉、尾、緯、委、萎、未、位、味、畏、胃、尉、慰。

④日语汉字音读え段元音＋い的字有 4 个：恵（え）、銳、税、衛。

这组字当中，可以运用到语音对比辅助教学中的字，其读音有如下两种形式：一是普通话韵母为前响二合复韵母 ɑi、日语汉字音读为あ段元音＋い的字 51 个；二是普通话韵母为前响二合复韵母 ou、日语汉字音读为お段长音的字 25 个。

（三）汉语鼻音尾韵母在日语汉字音读中的表现

在汉语中，除了极少数特例以外，现代汉语中的鼻辅音 -ng 韵尾从古到今没有大的变动，而另一个鼻辅音韵尾 -n 是由原来的 -n 合并了 -m 韵尾后得来的。在日语汉字的汉字音读中，由于在一段时间内，受到了汉语的持续影响，其发展轨迹与我国基本相同：-ng 韵尾用 -い 或 -う 表记一直不变，原 -n 韵尾由な行假名收尾，相应的原 -m 韵尾则由ま行假名收尾，此二者后来逐渐统一为用拨音 -ん 来表记，则与现代汉语普通话 -n 一致了。

以上的例外只有少数字，如下面两个现代汉语普通话都读 zhēn 的字：貞、偵，古汉语以 -ng 收尾，而现在收 -n，而日语汉字音读皆为てい，则正应了古汉语的 -ng 尾。"洗"字今在普通话中除了作姓氏念 xiǎn 以外，都读 xǐ，而日语汉字音读为せん。值得注意的是，念 xiǎn 的另有一个字"冼"，它一般只作姓氏用字，并且和"冼"极为相似，应该是由"冼"衍生而来的。况且这两个字都以"先"作为声旁，本音当收 -n 尾。

另外与读 zhēn 组相反，有一些普通话收 -ng，而日语收 -ん的字，这些字大多出现在唐宋音中，如"瓶"，日语汉字音读びん。余下的则多见于一些固定的词中，如風鈴（ふうりん）、行宮（あんぐう）等。而唐宋音是古日语模仿宋代四川一代的读音而形成的读音。在今天，包括四川一带的西南方言其主要特点之一仍然是相当一部分韵母的前后鼻音韵尾不分，一般都读成前鼻音 -n。

现代汉语共计有鼻音韵母 16 个，其中收 -ng 尾与收 -n 尾的各 8 个。收 -ng 尾的有 ang、ong、eng、ing、iang、iong、uang、ueng。在现代日语汉字的汉字音读中绝大多数以う、え、お三段的长音来表记。其中う、お两段长音皆后加元音う作长音符号，而え段则后加元音い。收 -n 尾的有 an、en、in、un、ün、ian、uan、üan，在现代日语汉字的汉字音读中绝大多数后加拨音 -ん来表记。下面我们展开详细讨论。

1. 以 -ng 结尾的鼻韵母字

（1）普通话韵母为 ang 的

①现代日语汉字音读为お段长音的字有 39 个：邦、棒、傍、倉、蔵、当、党、方、坊（ぼつ）、芳、防、妨、房、肪、倣、訪、紡、放、剛、綱、鋼、港、航、康、抗、郎、廊、朗、浪、忙、盲、桑、喪、湯、唐、堂、糖、臓、葬。

②现代日语汉字音读为お段拗长音的字有 20 个：長、腸、償、常、場、唱、壤、讓、傷、商、賞、上、尚、張、章、彰、掌、丈、帳、障。

我们可以看出凡是读お段拗长音的字在普通话中都是以舌尖后辅音为声母的，反之亦然。

（2）普通话韵母为 ong 的

①现代日语汉字音读为お段长音的字有 32 个：東、冬、動、働、凍、棟、洞、胴、工（く）、公、功（く）、攻、貢（く）、紅（く）、洪、孔、控、籠、農、濃、弄、容、溶、送、同、銅、童、瞳、統、筒、踪、総。

②现代日语汉字音读为お段拗长音的字有 8 个：供（く）、恭、共、恐、冗、松、訟、鐘。

③现代日语汉字音读为う段长音的字有 4 个：崇、空、通（つ）、痛。

④现代日语汉字音读为う段拗长音的字有 19 个：充、冲、虫、銃、従、弓、

宫（ぐう、く）、竜（龍）、隆、融、中、忠、終、衷、仲、衆（しゅ）、重（ちょう）、宗、縦。

⑤现代日语汉字音读为う段拗音的字有2个：腫、種。另外有一个字"栄"，它本属古匣母字，按正常演变规律应读yíng，日语汉字音读为えい，符合规则。

（3）普通话韵母为eng的

①现代日语汉字音读为お段长音的字有30个：崩、層、曽、灯、登、等、豊、峰、蜂、縫、奉（ぶ）、俸、更、耕、梗、恒、横、衡、坑、猛、能、膨、僧、騰、膳、藤、増、憎、贈、争。

②现代日语汉字音读为お段拗长音的字有13个：称、承、城、乗、懲、澄、升、昇、縄（繩）、徴、蒸、証、症。

③现代日语汉字音读为う段长音的字有2个：風（ふ）、封（ほう）。

④现代日语汉字音读为え段长音的字有17个：成（しょう）、呈、誠、程、冷、盟、生（しょう）、声（しょう）、牲、省（しょう）、聖、盛（じょう）、剰、征、整、正（しょう）、政（しょう）。

这一组的"夢"字在日语汉字常用音读中只有短音的读法。

此外，这一组与读-ang组类似，凡是读え段长音、お段拗长音的字在普通话中也都是以舌尖后辅音为声母的，反之亦然，除了"争"字。

（4）普通话韵母为ing的

①现代日语汉字音读为お段长音的字有3个：応（應）、桜（櫻）、硬。

②现代日语汉字音读为お段拗长音的字有17个：氷、病（へい）、丁（てい）、町、頂、京（けい）、驚、晶、競（けい）、浄、境（けい）、鏡、陵、領、凝、評、情（せい）。

③现代日语汉字音读为え段长音的字有47个：兵（ひょう）、丙、柄、餅、併、並、訂、定（じょう）、錠、経（きょう）、茎、精（しょう）、鯨、井（しょう）、景、憬、警、経、敬、静（じょう）、霊（靈りょう）、鈴（りん）、零、齢、令、名（みょう）、明（みょう）、鳴、冥（みょう）、銘、命（みょう）、寧、平（びょう）、塀、青（しょう）、軽、傾、清（しょう）、晴、請（しん）、慶、英、迎、蛍、営、影、映。

"瓶"字常用的音读只有唐宋音，读作びん。

（5）普通话韵母为iang的

①现代日语汉字音读为お段长音：江、講、降、相（しょう）、香（きょう）、想（そ）、向、項、央。

37

②现代日语汉字音读为お段拗长音：将、奨、匠、良、涼、糧（ろう）、両、量、嬢、強（ごう）、郷（ごう）、詳、祥、響、象（ぞう）、像、揚、羊、陽、瘍、洋、仰（こう）、養、様。

（6）普通话韵母为 iong 的

①现代日语汉字音读为お段长音的字有 6 个：凶、胸、擁、庸、踊、用。

②现代日语汉字音读为う段拗长音的字有 4 个：窮、雄、勇、湧。

③现代日语汉字音读为え段长音的字有 4 个：兄（きょう）、永、詠、泳。

（7）普通话韵母为 uang 的

①现代日语汉字音读为お段长音的字有 22 个：窓、創、光、広（廣）、荒、慌、皇、黄、鉱（鑛）、双、霜、爽、王、網、往、妄、忘、旺、望、荘、装、壮。

②现代日语汉字音读为お段拗长音的字有 5 个：床、狂、況、粧、状。

（8）普通话韵母为 ueng 的

普通话韵母为 ueng 的现代汉语中只有一个零声母音节，在日语《常用汉字表中》也只有一个字，读お段长音：翁。

2. 以 -n 结尾的鼻韵母字

（1）普通话韵母为 an 的

①日语汉字音读为あ段元音加ん的字有 82 个：安、岸、案、暗、班、斑、般、頒、搬、坂、阪、板、版、半、伴、参、残、蚕、惨、産、丹、単、担、胆、旦、誕、弾、淡、帆、番、藩、煩（ぼん）、繁、反（ほん）、犯、氾、汎、飯、範、販、干、乾、幹、甘、肝、感、含、韓、寒、漢、汗、憾、刊、看、勘、堪、欄、藍、覧、濫、蛮、満、慢、漫、男、南、難、盤、判、畔、三、傘、散、山、壇、談、嘆、炭、探、暫、賛、斬。

②日语汉字音读为え段元音加ん的字有 15 个：禅、返、然、燃、染、扇、善、繕、膳、粘、展、占、戦、桟、綻。

③日语汉字音读为お段元音加ん的字有 5 个：翻、凡（はん）、紺、貪、曇。

（2）普通话韵母为 en 的

①日语汉字音读为い段元音加ん的字有 31 个：臣、沈、陳、人、仁（に）、忍、刃、認、任、妊、森、申、伸、身、紳、娠、深、神、審、腎、甚、慎、針、珍、真、診、陣、振、朕、鎮、震。

②日语汉字音读为う段元音加ん的字有 9 个：分、紛、雰、墳、粉、奮、憤、噴、盆。

③日语汉字音读为お段元音加ん的字有 9 个：奔、本、恩、根、痕、恨、墾、懇、門。

这一组有 3 个字，肯（こう）、貞（てい）、偵（てい），其古汉语发音的鼻韵尾为 -ng，不为 -n，它们在日语汉字音读中的长音式读法正好体现此点。

（3）普通话韵母为 in 的

①日语汉字音读为い段元音加ん的字有 47 个：賓、浜（濱）、巾、斤、金（こん）、津、筋、襟、僅、緊、錦、謹、尽、進、近、浸、禁、隣、林、臨、賃、民、敏、貧、頻、品、親、侵、琴、勤、寝、心、芯、辛、新、薪、信、因、陰、姻、吟、銀、淫、引、飲、隠、印。

②日语汉字音读为お段元音加ん的字有 2 个：今（きん）、音（いん）。

（4）普通话韵母为 un 的

①日语汉字音读为い段元音加ん的字有 4 个：唇、倫、輪、論。

②日语汉字音读为う段元音加ん的字有 3 个：寸、文（もん）、聞（もん）。

③日语汉字音读为う段拗音加ん的字有 9 个：春、純、盾、潤、順、瞬、准、準、遵。

④日语汉字音读为お段元音加ん的字有 18 个：村、存、鈍、頓、婚、魂、混、昆、困、孫、損、屯、豚、温、紋、穏、問、尊。

（5）普通话韵母为 ün 的

①日语汉字音读为い段元音加ん的字有 5 个：均、菌、尋、迅、韻。

②日语汉字音读为う段元音加ん的字有 9 个：軍、君、郡、群、勲、薫、訓、雲、運。

③日语汉字音读为う段拗音加ん的字有 5 个：俊、巡、旬、循、殉。

④日语汉字音读为お段元音加ん的字有 1 个：遜。

（6）普通话韵母为 ian 的

①日语汉字音读为え段元音加ん的字有 85 个：辺（邊）、編、変、便（びん）、遍、弁、典、点、電、店、殿、堅、肩、兼、煎、繭、倹（儉）、検（檢）、減、見、件、建、剣（劍）、薦、健、漸、践、鍵、連、廉、練、錬、恋、綿、免、勉、面、麺、年、捻、念、偏、片、千、遷、鉛、謙、前、銭、潜、浅、遣、繊、天、田、填、仙、先、鮮、弦、賢、舷、嫌、顕、険（險）、県（縣）、現、線、限、憲、羨、献（こん）、腺、煙、延、厳（ごん）、言（ごん）、炎、沿、研、塩（鹽）、演、艶、宴、験（驗）。

②日语汉字音读为あ段元音加ん的字有 10 个：間（けん）、監、簡、艦、鑑、閑、陥、岩、顔、眼（げん）。

③日语汉字音读为い段元音加ん的字有 2 个：眠、咽。

（7）普通话韵母为 uan 的

①日语汉字音读为え段元音加ん的字有 6 个：川、伝（傳）、船、栓、専、転（轉）。

②日语汉字音读为あ段元音加ん的字有 39 个：端、短、段、鍛、関、観、官、冠、棺、館、管、貫、慣、缶（罐）、歓、還、環、緩、幻、換、喚、患、寛、款、卵、乱、暖、軟、酸、算、団（團とん）、湾、丸、完、玩、頑、晩、万、腕。

（8）普通话韵母为 üan 的

①日语汉字音读为え段元音加ん的字有 27 个：絹、圏、全、権（ごん）、詮、泉、拳、犬、勧、券、軒、宣、玄、懸（け）、旋、選、元（がん）、園、原、円（圓）、援、縁、源、猿、遠（おん）、怨（おん）、媛。

②日语汉字音读为あ段元音加ん的字有 2 个：巻、願。

③日语汉字音读为い段元音加ん的字有 2 个：員、院。

这组鼻音尾韵母因后鼻音组的 8 个在日语中以长音结尾而不以鼻音结尾，我们想要借助汉字的读音进行语音对比辅助教学，唯有在前鼻音组中寻找。其中有普通话韵母为 an、日语汉字音读为あ段元音加ん的字 82 个，普通话韵母为 in、日语汉字音读为い段元音加ん的字 47 个，和普通话韵母为 uan、日语汉字音读为あ段元音加ん的字 39 个中读わん的 2 个：腕、湾。

（三）原古汉语入声字在日语汉字音读中的表现

入声在古代汉语中本属于声调概念，但是由于日语的音调与汉语的声调并不具有可比性，而古汉语入声字又从属于固定的一些韵部，加之其塞尾 -p、-t、-k 在现代日语音读中仍能找到比较清晰的对应关系，故将其置于韵母部分来讨论。

1. 古汉语 -p 塞尾入声字在现代日语汉字音读中的表现

①读お段长音的字有 12 个：法、乏、押、凹、甲、挿、答、塔、搭、踏、合、納。

②读う段拗长音的字有 15 个：級、急、及、泣、吸、給（供给）、渋（澀）、粒、汁、集、習、襲、十、拾、入。

③读お段拗长音的字有 9 个：葉、猟（獵）、協、挟、渉、畳、脅、峡、狭。

④お段长音、お段拗长音异读的字有 1 个：業。

⑤极个别的以 - つ收尾，这是一部分字与 -t 塞尾入声合并后的体现，有圧、雑（雜）、執、湿、摂（攝）、接、立 7 个。

2. 古汉语 -t 塞尾入声字在现代日语汉字音读中的表现

①表现为收 - ち的字有 4 个：壱（壹）、七、実（實）、八。

②表现为收 - つ的字有 94 个：窒、哲、撤、徹、設、折、迭、鉄、劣、列、烈、裂、結、傑、潔、窃、血、悦、閲、決、穴、雪、拙、切、別、欠（缺）、絶、熱、滅、逸、必、筆、疾、漆、質、失、泌、詰、律、卒、匹、出、乙、密、述、術、髪、伐、罰、閥、謁、越、滑、骨、突、凸、率（效率）、発（發）、月、没（沉没）、擦、割、渇、褐、括、活、撮、奪、脱、抹（涂抹）、末、札、察、轄、刷、抜、殺、屈、払（拂）、掘、仏（佛，佛陀）、物、沸、鬱、葛、窟、刹、捗、叱、嫉、蔑、勃、蜜、慄。

③表现为收 - ち、 - つ异读的字有 6 个：節、吉、一、日、達、鉢。

④表现为收 - ち、 - つ以外的字有 2 个：匹、不。

3. 古汉语 -k 塞尾入声字在现代日语汉字音读中的表现

①表现为收 - き的字有 34 个：癖、跡、積、籍、夕、席、惜、駅、液、隻、斥、易、適、劇、責、域、式、識、壁、滴、笛、敵、歴、暦、績、析、的、摘、撃、隙、脊、戚、溺、璧。

②表现为收 - く的字有 173 个：逆、借、訳（譯）、尺、釈（釋）、額、舶、迫（逼迫）、麦、革、隔、嚇、核、穫、沢（澤）、策、宅、伯（伯仲）、拍、択（擇）、厄、百、脈、客、白、告、酷、督、篤、浴、欲、局、曲、玉、栅、辱、毒、続（續）、獄、足、促、俗、束、属、緑、冊、副、幅、福、腹、複、覆、谷、穀、菊、育、竹、築、蓄、畜、速、屋、撲、祝、陸、木、牧、伏、服、逐、粛、叔、淑、宿、縮、僕、独、族、塾、熟、軸、肉、六、読（讀）、暴、悪（罪悪）、各、閣、楽、約、躍、薬、虐、郭、拡（擴）、託、酌、索、錯、拓、絡、落、酪、博、作、諾、昨、酢、若、弱、略、爵、却、脚、着、勺、薄、泊、漠、縛、幕、膜、削、克、刻、黒、得、德、則、北、国、抑、即、息、特、墨、億、憶、黙、惑、賊、極、匿、翌、翼、植、殖、職、勒、飾、側、測、握、卓、較、角、覚、確、岳、楽、学、濁、殻、濯、爆、塞（堵塞）、拭、捉、捗、剥、睦、沃、麓。

③表现为收 - き、 - く异读的字有 13 个：昔、益、疫、役、赤、石（石头）、色、食、織、直、力、臆、顎。

④表现为收 - き、- く以外的字有 4 个：格、册、作、喫。

以上这些字，由于现代汉语入声塞尾已经消失，而日语汉字音读其发音的后半部分大多仍保留着古汉语塞尾的对应形式。所以在今天中日发音的对比上，差异都比较明显，这些字不能用于语音对比辅助教学中。

第三节　基于中日汉字发音对比对日语语音教学的建议

前面我们讨论了中日两国汉字的渊源，两国语言的语音演变情况，同一汉字中日的发音对应规律。我们在这些研究的基础上将现代汉语的声韵母与日语汉字的音读情况进行了对比，并找出对应规律，在理论上与实际检测中研究归纳了对日汉语语音教学时的声、韵母难易情况。我们现在就在之前研究的基础上，利用这些对应规则，把研究成果试应用于对日汉语语音教学的实践中。

长期以来，在对外汉语教学中，无论是教持何种语言背景的学生学习汉语，我们在语音阶段往往都是按照相同的声、韵母教学顺序来进行教学，如声母按 b、p、m、f，韵母按 a、o、e、i、u、ü 的顺序。如果同一个教室里，用同一本教材、用一种教学策略来教不同文化背景的学生，而此方法是为了照顾大多数的学生的话，那么专为某一国别或语种所进行的汉语教学，则不应再做如此安排，以免降低教学的针对性。为使教学更具有效性，我们需要研究该国别或语种人群的母语语音特点，并针对该人群习得汉语语音要素的难易程度，来为其量身定做出一个最高效的汉语语音要素教学计划。由于得益于著名学者蒋可心教授所编著的对俄汉语教材《汉语新目标》中，针对俄语背景汉语学习者制定的独特而又有效的汉语语音要素教学顺序，我们也将在此以汉日语音对比为前提，提供一个适合学习汉语的日本学生的语音元素教学顺序，并根据此提出关于日汉语音教学的建议。

一、对日汉语语音教学的声母教学

声母，是汉语中一个音节最开始的发音，如果一个人在说汉语的时候，声母的发音不准的话，那么整个音节的发音也就不正确。我们中国人是如此，对于外国人也不例外。所以我们在教外国人学习汉语时，声母教学的成败往往关系到学习者是否能够正确地发好每个汉字的读音。

教欧美人学汉语是如此，教日本人汉语则更加严格要求。因为日语与欧美国家的语言相比，其语音体系简单，辅音较少。在学习汉语的时候，有些声母欧美学生一学就会，而日本学生相比之下学习起来则要吃力许多，比如声母 f，西方语言普遍有此辅音音位，而日语则没有。这也是下面我们将要提到的对日本学生要进行有针对性的、国别性的声母教学顺序与建议的理论依据所在。

（一）对日汉语语音教学的声母教学顺序

现代汉语普通话语音系统中的辅音除 ng（/ŋ/）外，其他的二十一个都可以作为一个汉字读音中的声母而出现。与之相近的是，现代日语中除了拨音ん之外，其他的辅音也都必须后加五段元音拼合出一个完整的音节（在语流中い、う两段的弱化除外），在书面记录上则表现为一个假名。

由于日语与汉语语音系统存在差异，在对日本学生进行汉语声母教学的时候要考虑到日本学生的母语特点来进行分级处理。

汉语中有二十一个声母，我们中国人习惯把同一发音部位的几个音放在一起按照 b、p、m、f，d、t、n、l，g、k、h，j、q、x，zh、ch、sh、r，z、c、s 的顺序排列并进行教学。图 1-2 为普通话声母的汉语拼音方案与国际音标对照。

拼音字母	国际音标	拼音字母	国际音标	拼音字母	国际音标
b	[b]	g	[k]	s	[s]
p	[b‘]	k	[k‘]	zh	[tʂ]
m	[m]	h	[x]	ch	[tʂ]
f	[f‘]	j	[tɕ]	sh	[ʂ‘]
d	[t]	q	[tɕ‘]	r	[z]
t	[t‘]	x	[ɕ]	y	[j]
n	[n]	z	[ts]	w	[w]
l	[l]	c	[ts‘]	v	[v]

图 1-2　普通话声母的汉语拼音方案与国际音标对照

在这二十一个声母中有十一个与日语的辅音有完全一致的发音。例如，b 对应ぱ行假名辅音 /p/，p 对应其在词首的送气音变体 /p‘/。m 对应ま行假名辅音 /m/，d 对应た行假名辅音 /t/，t 对应其在词首的送气音变体 /t‘/。n 对应な行

43

假名辅音 /n/，g 对应か行假名辅音 /k/，k 对应其在词首的送气音变体 /k '/。z 对应假名つ的辅音 /ts/，c 对应其在词首的送气音变体 /ts '/。s 对应さ行假名辅音 /s/。

这十一个声母在对日汉语声母的语音教学时应优先教学，我们可利用日本学生母语语音知识的正迁移作用，在较短的时间内完成。这十一个音中有一部分为送气音，鉴于日本学生在发送气音时往往因母语语音特点而出现送气程度不够的问题，而在发不送气音时又容易受到日语罗马字拼写法与汉语拼音书写方案中不同音素用相同字母表记而产生误解，将其发成相对的浊音，如将汉语的清音 b（/p/）读成日语ば行的浊音 /b/。这就要求我们在教授这一类音的时候一定要演示充分，不送气音要发得清晰准确，送气音发音可以夸张一些，以展示出二者的根本区别，即送气与否而非声带是否振动。在这十一个声母中，使用同一发音部位的舌尖前音声母 z、c、s，对于留学生来说，发音上普遍的一个趋势是擦音 s 比塞擦音 z、c 容易，而塞擦音中不送气音 z 又比送气音 c 容易。所以我们在教这三个音时应先教授 s，而后再依次教授 z 和 c。这个教学顺序对于后边将要提到的舌面音组和舌尖后音组声母具有同样的意义。图 1-3 为以声母 b、p 为例的送气与不送气音图示教学法。

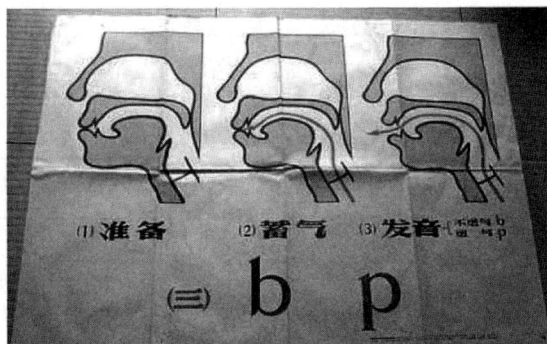

图 1-3　以声母 b、p 为例的送气与不送气音图示教学法

在除去以上十一个汉语声母外，汉语声母中有六个在日语中能够找到类似而又不完全相同的发音。

f 与假名ふ的辅音，l 与ら行假名的辅音，h 与は行假名的辅音，j 与假名ち的辅音、q 与其在词首的送气音变体，x 与假名し的辅音。

f、l、h、j、q、x 这六个声母与其在日语中能够找到的类似发音每一组在发音方法上都一致，而发音部位都有或多或少的差异。建议此六个声母的教学要在第一组十一个教学全部完成之后再进行，在教学时要注意强调与日语中类似发音的区别，注意发音时的唇形与舌位，以免形成母语负迁移。如个别的发音可以用以旧带新的方式讲解，例如汉语的 h/x/，虽然与日语的 h 发音部位不同，但是，可以用 k 拖长音的方式然后换成擦音来发声，让日本学生了解 h/x/ 与 k 发音部位相同。这样可以降低学生在学习时所产生的情感过滤作用。另外，与第一组十一个声母中舌尖前音声母同样的道理，舌面音组 j、q、x 的教学顺序则要改成：x、j、q。具体操作我们将在教学建议中提及。

汉语中有四个舌尖后声母 zh、ch、sh、r，这四个音为日语中所没有的，且发音对日本学生来说也是最难的一组声母。鉴于这一组发音对日本学生学习十分困难，并且在汉语的声母排列顺序也比较靠后，应在学习过前面讲过的十七个声母之后重点讲授。再加上前面舌尖前音与舌面音组声母教学时提到的应先教擦音、后教塞擦音的顺序，此组声母教学顺序应调整为 sh、r、zh、ch。

这样一来，我们可以得出日本学生发音由易到难的汉语拼音声母排序：m、n、s、b、d、g、z、p、t、k、c、h、f、l、x、j、q、sh、r、zh、ch。为了使我们的教学更具流畅性，我们建议对此教学顺序再做一次调整。对日汉语声母语音教学的顺序应调整为：m、b、p、f、n、d、t、l、g、k、h、s、z、c、x、j、q、sh、r、zh、ch。

（二）对日汉语语音教学的声母教学建议

为了更好地针对以日语为母语的汉语学习者的发音特点，我们将大体按照前面提到的、对于日本学生学习难易程度由易到难的声母排列顺序，分不同的教学方法来将汉语拼音方案中的声母来进行有针对性的分级教学建议。这样，我们可以提高教学效率。

1. 音感近似法

音感近似法即利用汉日两种语言的语音系统中一样或者十分接近的发音，来优先教学汉语中对于日本学生来说最简单的声母的方法。这一组声母为 m、n、s、b、d、g、z、p、t、k、c，共十一个。其中用逗号隔开的每一组，其难易程度对于日本学生来说相同，下一组则更难一些。

第一组 m、n、s 三声母，完全对应于日语的ま、な、さ三行假名的辅音发音。我们在教学中，只要教师发出相应的音，日本学生马上就能够学会。不需要多加纠正，只需要稍加练习即可。

第二组 b、d、g、z 四声母，对应于日语的ぱ、た、か、ざ四行假名的辅音

在非词首条件下的发音。教师在教学时要注意强调其汉语拼音方案书写形式与相同日语罗马字读音上的差异，不要让学生发成日语中相同发音部位的浊音。针对这一现象，教师在示范时发音要清晰洪亮，不要有声带振动的感觉，在听感上加强对比。要注重练习，直到学生的发音与教师的一致，不再带有声带振动的感觉才算大功告成。

第三组 p、t、k、c 四声母，对应于日语的ぱ、た、か、ざ四行假名的辅音在词首条件下的发音变体。这几个音，日本学生在学习汉语拼音时最大的弊病就是送气不足。鉴于日本学生在学习这几个音时的送气化程度往往不够，我们可以将音发得夸张一些。一个传统而又有效的办法是：教师在示范发音时取一张纸，将其放在面前，然后发音。此法在对比不送气音与送气音的区别时尤为有效，既简单又形象地展示了这一组音与前一组的本质区别。

2. 加强对比法

加强对比法即利用汉日两种语言的语音系统中发音在听感上有些类似，但实际上发音部位并不一样，注重对比两种语言的语音差异，巩固语音教学效果的方法。

这一组声母有 h 和 f 两个。

汉语的 h/x/ 与日语中は的辅音 /h/ 在听感上比较近似，然而汉语的 h/x/ 为舌根音，而日语 /h/ 为喉擦音，发音更靠后一些。我们可以用"以旧带新"的方法，在教过 k 之后，将其尾音拖长，再用擦音方式重新完整地发一遍音，就可以得到舌根部擦音 h/x/。注意反复练习，加强巩固，直到学生意识到它的发音部位不像日语中那么靠后，此音对于日本学生来说还是比较容易学习的。

f 在日语中没有与汉语完全一致的发音，却有一个 /ɸ/ 在发音上与其类似而又不同，在日本学生的学习中会产生干扰作用，比较令教师感到头疼。好在这个音的发音方法并不难：示范时候让学生看清教师的上齿是与下唇相咬合，而不是像日语中那样，上下唇之间留出一道缝隙，类似吹蜡烛时的口型。加之近年来英语教育的盛行，有英语底子的学生也可以告诉其与英语 f 发音相一致。

3. 慢引实示法

慢引实示法即将汉语中的声母在发音之前的"前奏"或准备动作拖长，或以实物模仿汉语声母发音时的舌位，以让学生意识到如何准确地发出汉语中某些声母的方法。这一组声母有 l 和 sh、r、zh、ch 共五个。因后四个声母发音部位相同，我们在最后一起论述。

和前面 f 与 /ф/ 的问题相类似，l 与日语中ら行的辅音在听感上也比较相似，但是汉语的 l 为边音，而日语为齿龈音。另外，由于日语的ら行辅音在罗马字拼写法同汉语拼音方案书写"日"的声母时都用了相同的一个字母 r，所以我们常常听到有的日本人初学汉语在介绍自己时好像在对别人说我是"立"本 lén。教师在教授汉语 l 的发音时可以将"前奏"拖长一些，在初次教学生发此音的时候，可以将舌尖稍稍伸出口腔一些，令学生看清在发此音的时候舌头的位置，然后缓缓发出。与 f 音类似，如果学生有英语底子，可以告诉其与英语 l 发音相一致。

舌尖后音组声母 sh、r、zh、ch 对于日本学生来说，没有哪一组声母比这一组学习起来更加吃力了。在教日本人学习这组发音的时候，教师需要强调舌尖要尽力翘起，对准硬腭的前部，这样才能准确发出该组音。学生可以先练习翘起舌尖，然后用舌尖从齿龈向后寻找，找到齿龈与硬腭相接部位后再发音。同时，需要注意发音过程中舌尖不能再向前伸平。教师还可以用两只手来当口腔，用手指来模拟舌头和牙齿等发音器官，以达到让学生自主地、正确地理解发音的要领。和前面 b、d、g、z 与 p、t、k、c 的对比相同，要让学生认识到 zh 和 ch 的差别不在于声带是否振动，而在于是否送气。

4. 由韵至声法

由韵至声法即用汉语中韵母 i 带出发音部位相近的声母 x、j、q 的方法。

舌面音 x、j、q 是几乎所有外国人，当然，这也涵盖了日本学生学习汉语语音时的一个难点发音。他们往往用近似发音部位的舌叶音来代替这组发音。用常规的方法教学，效果一般都不理想。我们在此提出一个新的用近似发音部位的韵母 i 来带出该组发音的方法，此方法需要在韵母部分学过了 i 的发音之后进行。

首先，我们正常发韵母 i，然后逐渐增大摩擦感，将舌头向上腭挤压，这时我们能够听见一个噪声比较大的、既像元音又像辅音的发音。然后，用发声母 s 和 h 的方式，逐渐呼出一股强的气流，这就是汉语的 x。反复操练，巩固之后换用发声母 z 和 c 的送气方法，就能得到汉语中 j 和 q 的发音。再次强调，此组音要注意与学生母语中的し的辅音、ち的辅音（包含其送气音变体）相区别，以免母语负迁移影响学习效果。图 1-4 为韵母 i 和舌面音组韵母的舌位图。

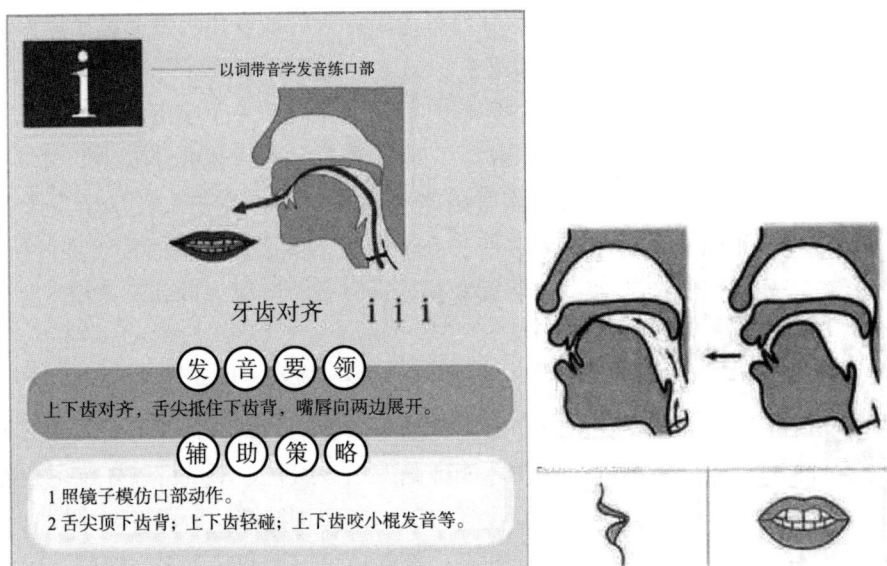

图1-4 韵母 i 和舌面音组韵母的舌位图

5. 以字带音法

我们前面将现代汉语中的二十一个声母一一做了在教学方法上的建议。教学成果离不开实践的巩固，我们这里结合第二节中的研究成果，利用能够在汉语语音教学阶段起到帮助的、中日汉字声母/辅音发音完全一致的、中日双方都常用的汉字来进行辅助性的教学和操练。

在第二节中我们找出了一些可用于语音对比教学的汉语声母与日语辅音完全一致的发音的汉字，这些汉字的声母有汉语中的如下几个：m、n、d、g、s。我们这里为每一个声母都挑一个较简单的常用汉字来进行示范。

声母 m 对应日文汉字"毛"的辅音，同时，"毛"是日文中平假名も与片假名モ的来源汉字，用此字来辅助教学和练习声母 m 的发音，能够减少学生的陌生感，利用其母语正迁移，达到教学效果的最大化。另外，汉字"麻"汉日发音除日语不具声调外，其辅音与元音部分分别都和汉语的发音完全一致，也是很好的练习声母 m 的首选字。其他可用的汉字，其较佳者还有：埋、满、慢、漫、枚、每、妹、昧、门、绵、兔、面、麺、妙、民。

声母 n 对应日文汉字"奈"的辅音，与"毛"类似的是，日文中平假名な与片假名ナ的来源汉字，用此字来辅助教学和练习声母 n 的发音，能够达到与用"毛"字教声母 m 一样的效果。"那"字除声调外，其日语音读的辅音与元音部分也完全对应于汉语的声、韵母。此外，可以用到辅助 n 的教学及练习的汉字中比较好的还有：南、难、恼、脑、尼、年、捻、尿。

声母 d 对应日文汉字"多"的辅音，和前面类似，"多"是日文中片假名タ的来源汉字，用此字来辅助教学和练习声母 d 的发音，比用其他汉字要好。剩下的汉字中，比较适合对比发音辅助教学与练习的字还有汉语读 dɑi，日语音读为たい的：带、待、怠、贷、逮、戴；汉语读 dɑn，日语音读为たん的：丹、担、胆、诞、淡。

声母 g 对应日文汉字"工"的辅音，虽然与前面三个字不同，"工"不是日文中任何平、片假名的来源汉字，但是此字既常用又易认，用来辅助教学和练习声母 g 的发音，比用其他汉字要好一些。此外，与汉日发音相近的以下汉字也很适用于辅助教学与练习声母 g：改、干、乾、幹、甘、肝、敢、感。

声母 s 对应日文汉字"三"发音さん中さ的辅音，此字是一个数目字，常用又易认，汉日发音又相近，用来辅助教学和练习声母 s 的发音是比较合适的。其他合适的汉字还有：塞、伞、散、骚、扫、搜、素、酸、算、遂、岁、碎（碎）、穗、孙、损。

此方法虽然能够让我们在教日本学生学习这几个汉语声母时方便不少，但是此方法的不足之处也很明显，那就是能够对比的汉语声母与日语辅音太少，只能作为减少学生学习障碍、提高其学习兴趣的补充方法。

再有，这些字的发音其汉语声母与日语辅音部分虽一致，但其汉语韵母与日语元音部分都存在着一些差异，这就决定了这些字不能用于教授该汉字韵母部分或整体发音。

二、对日汉语语音教学的韵母教学

（一）对日汉语语音教学的韵母教学顺序

现代汉语普通话韵母共计三十九个。其中，单元音韵母十个：ɑ、o、e、i、u、ü、ê、er、-i（前）、-i（后）。复合元音韵母十三个：ɑi、ei、ɑo、ou、iɑ、ie、uɑ、uo、üe、iɑo、iou、uɑi、uei。鼻辅音韵母十六个：ɑn、en、in、uen、ün、iɑn、uɑn、üɑn、ɑng、eng、ing、ong、iong、iɑng、uɑng、ueng。

在这三十九个韵母中，由于日语本身的语音特点，各个韵母的发音难度对日本学生不尽相同，因此，我们这里也与前面在教授汉语声母语音一样，不应拘泥于惯常的汉语韵母的排列顺序，而是按日本学生学习的特点，来为他们设计更具针对性也更具国别性、有效性的汉语韵母教学顺序。下面我们和声母部分一样，大体按照日本学生学习它们由易到难的顺序，来一一分析探讨。

现代汉语普通话中的十个单元音韵母中有五个与现代日语的日语五段元音发音近似，即 a 和あ、i 和い、u 和う、ê 和え、o 和お，这几个音的教学相对而言会比较容易；而另五个单元音韵母 ü、ê、er、-i（前）、-i（后）则较具汉语特色，尤其对于母语元音音系简单的日本学生来说，学习起来相对困难。

在对于日本学生学习起来相对困难的几个单元音韵母中，有两个 -i（前）和 -i（后）分别只与舌尖前后组声母相拼，从不单独出现，故这两个韵母宜采用与教中国小学生学习拼音时常用的方法一样的整体认读方法。将 zi、ci、si、shi、chi、shi、ri 作为整体认读音节进行教学，而不在教授韵母时单独提及。这一教授方法是在学生准确掌握了舌尖前后组声母时，直接拖长音，这样就可以发出音组 zi、ci、si 和 shi、chi、shi、ri。

对于汉日两种语言的语音系统中发音接近的这几个元音韵母，我们可试着按照日语五段元音的排序先教这五个日本学生学起来相对容易的单元音韵母 a、i、u、ê、o，然后再"以熟带生"，教授由这五个单元音韵母互相组合而成的复元音韵母 ia、ai、ua、uai、ie、ei、uei、ao、ou、uo、iao、iou。从复元音韵母的构成来看，教完了 a 和 i，就可以教由它们拼合而成的复合元音韵母 ia 和 ai 了。为什么我们先教 ia 而不是 ai 呢？这是因为在日语的语音系统中，与汉语的 ia 有一个类似的发音や /ja/，而与 ai 类似的发音其实是由两个单元音组成的音组，它们之间结合的程度不如や /ja/ 紧密，其实就是先发あ /a/ 后发い /i/，明显能感觉到是两个音节，而不像汉语为一个音节。这也是我们在对日本学生教汉语中发前响和中响复韵母要比发后响复韵母要难的原因。在教学时，要注意这一点，不能让日本学生养成在发这两类复韵母时拖长音的坏习惯。

下面所有复元音韵母的教学顺序都和前面 ia 和 ai 的道理一样，比如在日语中与汉语 ua 发音类似的わ其发音 /w/ 和 /a/ 结合的紧密度要高于与汉语韵母 ao（其实际音值为 /au/）发音类似的音组あう。还有之后的所有前响与中响复元音韵母所要注意的问题也都是发音的连贯性，这里就不再全部一一列举说明。

这样纯元音韵母就只剩下了 e、ü、er、-i（前）、-i（后）、üe 六个了。

单韵母 e、ü 的发音可以试用音感上的以旧带新的办法来发出。我们将在教学策略中详细介绍。在教完了 ü 之后，üe 就可以紧随其后来进行教学。

汉语中的卷舌元音韵母 er 可以说是对日本学生来说最难发的一个元音之一，

其发音方法是韵母 e 在发韵母 en 中的变体加上卷舌动作，在纯元音韵母中宜置于最后进行教授。

汉语的十六个鼻辅音韵母共分两组：以 -n 结尾的前鼻音组和以 -ng 结尾的后鼻音组各八个。对于日本学生来说，在学习以 -ng 结尾组的难度要大于以 -n 结尾组。这是由于日语中拨音ん在词中的音位变体发 /n/ 音出现的概率（位于さ、ざ、た、だ、な、ら行之前）要大于发 /ŋ/ 音（位于か、が、は行之前），所以日本学生在单独发辅音 /n/、/ŋ/ 时，后者对于他们要更困难一些。故而我们要先教以 -n 结尾组韵母，后教以 -ng 结尾组。

综上所述，我们可以得到一个与前面声母教学时类似的，适合对日本学生的汉语拼音韵母教学排序如下：a、i、ia、ai、u、ua、uai、ê、ie、ei、uei、o、ao、ou、uo、iao、iou、ü、üe、e、er、an、in、ian、uen、uan、ün、üan、en、ang、ing、iang、uang、ong、iong、eng、ueng。

（二）对日汉语语音教学的韵母教学建议

1. 音感近似法

和声母部分一样，我们优先考虑教授汉日语言中相近，发音最简单的五个元音。现代汉语中这五个单元音韵母分别与现代日语的五段元音发音近似，我们按日语五段元音顺序排列：a 和あ、i 和い、u 和う、ê 和え、o 和お。既然两种语言的发音近似，这几个音的教学相对而言会比较容易。

汉语中的 a 与日语中的あ /a/ 发音虽然不完全一致，但是对日本学生来说，不算难。a 的开口度要略大于あ /a/，由此产生的还有 a 的发音部位要略比あ /a/ 靠后一些。除此之外也没有什么特别的。

汉语与日语 i 的发音在元音系统中最为接近，可以说几乎一样。如果说非要找出什么不同的话，汉语的口型在横向开口度上大了一点。单元音韵母 u 与日语中的う舌位一致，而口型不像日语中自然放松，双唇要向前突出而紧张，拢成圆形。在教发此音的时候，可夸张一些，让学生记得牢，不会再受母语干扰。图 1-5 为汉语中 u 的口型图。

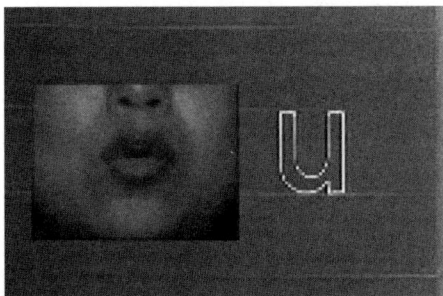

图 1-5　汉语中 u 的口型图

虽然在汉语中以单元音韵母 ê 作为韵母的汉字只有一个表示语气的"欸"字，但是这不表明这个韵母在汉语中一点也不重要。相反，在学习这个音时如果不注意其单独出现和与 i、ü 相拼时候书写方式的不同，就会和汉语的后、半高、不圆唇元音 e 在书写上混淆。这对于后续教学将是十分不利的。汉语的 ê 发音为前、半低、不圆唇元音，日语的え /e/ 则为前、半高、不圆唇元音。它们之间的差异和 a 与あ /a/ 的差异一样，仍然是汉语的发音开口度要大于日语。单元音韵母 o 与日语的お /o/ 发音也是比较接近的，不同点是汉语的发音位置要比日语的高一些，这从发这两个音的口型上就能看出来。

综上所述，日语与汉语近似的五个单元音中，除韵母 u 和日语的う在是否圆唇上差异比较明显以外，其他的都是日语元音开口度要小于汉语。这与日本民族含蓄的性格有较大的关系，这一点也影响到了日语元音开口度的大小。我们在教学日本学生学习汉语时要注意到这点。

2. 以旧带新法

以旧带新法适用的韵母有单元音韵母 e、ü、er，所有十三个复合元音韵母 ai、ei、ao、ou、ia、ie、ua、uo、üe、iao、iou、uai、uei 和十六个鼻辅音韵母 an、en、in、uen、ün、ian、uan、üan、ang、eng、ing、ong、iong、iang、uang、ueng。

单韵母 e 可以用两种方法进行教学：①试用韵母带出，e 与韵母 o 发音的舌位相同，其最大差异是唇形不一样，我们可以用 o 来带出 e。先发韵母 o，保持舌位不变，将口型由圆而向两边展开，即可发出 e。②试用声母带出，声母 g 的发音部位与 e 相同，将 g 加上呼读音拖长之后即可得到韵母 e 的发音。单韵母 ü 的发音与 i 和 u 都有共同点：舌位与 i 一致，而口型和 u 相同。我们可以在学生已经正确掌握了韵母 i 和 u 的发音方法以后用这两个韵母带出 ü：

先发 i 音，在保持舌位不变的前提下，将口型由扁平改变至发 u 时候的圆拢，就可以发出汉语的 u。在学会了 u 后，由其与 ê 相拼而成的 üe 就可以进行教授了。在现代汉语中，以 er 音作韵母的字只有零声母的几个，此音更大的用途是加在名词和一部分动词后边形成"儿化音"，书面上则表现为"儿"字。这个韵母，可以在语音教学阶段先缓一缓，等教学进入会话阶段时，在儿化音的语流中慢慢体会。

日本学生在能够准确发出纯元音韵母，尤其是复合元音韵母后，学习鼻音尾韵母的问题就不大了。但由于日语中存在的拨音ん /N/ 其单独发音时，与汉语中的 /n/ 和 /ŋ/ 都不同。ん /N/ 是一个发音靠近小舌部位的鼻音，其在听感上接近于 /ŋ/ 而又不同。这就出现了一个问题，如何教会他们单独发 /n/ 和 /ŋ/？

我们知道在辅音系统中，任何鼻音都有与之发音部位相同的塞音（爆破音），而在现代汉语中 /n/ 和 /ŋ/ 相同发音部位的塞音是 d、t 和 g、k。我们可以用与拖长音相反的方法来教授日本学生单发 /n/ 和 /ŋ/：在教会他们发 d 和 g 之后，在 d 和 g 前分别加上鼻音以延长 d 和 g 发音的准备时间，延长的时间一次比一次长，然后再将 d 和 g 的发音去掉，就可以得到辅音 /n/ 和 /ŋ/。学会了单独发 /n/ 和 /ŋ/ 的音，十六个鼻辅音韵母学起来就容易得多了。

3. 以字练音法

与声母教学时的辅助策略相一致，我们在教学元音韵母时也可以采取类似的、用中日双方的常用汉字来进行辅助教学。

为了让学生能够更好地掌握汉语韵母，而不受其他干扰，我们这里只选取中日双方发音都读零辅音且发音最为接近的汉字。

汉语单元音韵母 i 可以利用汉字"以"的日语音读发音来进行发音上的辅助教学，此字也是日文平假名い的来源汉字。我们在进行对比练习时，教师要提醒学生在发音时注意口型准确，不要像发日语い时那样扁平度不够。汉语读 yi、日语汉字音读为い，适于对比教学与操练韵母 i 的汉字还有：衣、医、依、異、移、椅、意、遺。

汉语复合元音韵母 ai 可以利用汉字"愛"的日语音读发音来进行发音上的辅助教学，不过前面我们已经多次提过，汉语复合元音韵母 ai 其 a 与 i 结合的紧密程度要远大于日语的あ与い。在进行对比练习时，教师的演示要连贯，不能在 a 与 i 之间有任何停顿。汉语读 ai、日语汉字音读为あい，适于对比教学与操练韵母 ai 的汉字还有：哀、挨、曖。

汉语前鼻音韵母 an 可以利用汉字"安"的日语音读发音来进行发音上的辅助教学，与 ai 类似，汉语韵母 an 其 a 与 n 结合的紧密程度要远大于日语的あ与ん。

另外还要注意前鼻音韵尾的发音部位不像日语拨音单独发音的/N/那么靠后，而像其在さ、た、な、ざ、だ等行前的变体一样。我们可以利用"安全"这个词的日语汉字音读，快读"安"字，在快要发到"全"字的时候不继续往下发音，而是保持在 n 的舌位，让学生明白如何发好汉语的前鼻音韵尾 n。汉语读 an、日语汉字音读为あん，适于对比教学与操练韵母 an 的汉字还有：案、暗。

汉语前鼻音韵母 in 可以利用汉字"引"的日语音读发音来进行发音上的辅助教学，与前面的韵母类似，汉语韵母 in 其 i 与 n 结合的紧密程度要远大于日语的い与ん。也要注意前鼻音韵尾的发音部位与日语拨音的比较。我们可以利用"引力"这个词的日语汉字音读，像前面"安全"中的"安"一样，快读"引"字，在快要发到"力"字的时候不继续往下发音，而是保持在 n 的舌位，让学生掌握好汉语前鼻音韵尾 n 的音值。汉语读 in、日语汉字音读为いん，适于对比教学与操练韵母 in 的汉字还有：印、因、姻、淫、陰、飲、隠。

汉语复合元音韵母 ou 可以利用汉字"欧"的日语音读发音来进行发音上的辅助教学，不过该字在日语中的读音是お的长音，而非假名表记法中的お与う相拼。

在让学生明白了这一点以后，还要同前面一样注意 o 和 u 拼读时的连贯性问题。另有一字"殴"其中日发音都与"欧"相同，也可用来对比辅助教学与练习韵母 ou。

汉语复合元音韵母 uan 可以利用汉字"湾"的日语音读发音来进行发音上的辅助教学，在进行发音的对比操练中，注意事项与前面一样，要注意 ua 和 n（分别与日语汉字音读的假名わ和ん类似）两部分发音在拼读时的连贯性问题。另一个汉语读 wan，日语音读为わん的字为"腕"，也可用来对比辅助教学与练习韵母 uan。

三、对日汉语语音教学的声调教学

（一）汉语声调的特点和作用

1.汉语声调的特点

汉语作为汉藏语系的一个代表，其比较大的一个特点就是有声调。汉语的这种声调不同于所有语言中都有的语调，也不同于无声调语言中词的重音。它有一个固定的调值，即在一个音节的高低升降音高模式中，声调具有确定的音高或发音方式。

现代汉语普通话的四个声调调类/调型/调值分别是：①阴平/高平/55；②阳平/中升/35；③上声/降升/214；④去声/全降/51。

2. 汉语声调的作用

作为声调语言，汉语的声调一般来说能够把几个相同元辅音组合的音节或者音节组合从意义上区分开来。比如我们最常举的例子：妈、麻、马、骂。这四个字在汉语中，其声母 m 与韵母 ɑ 完全一致，最重要的区别就在于四个字的声调不同。

（二）汉语声调与日语音调的异同

1. 日语音调的特点及作用

日语语音体系中虽然也有与汉语特点类似的高低音调，其功能也与汉语等汉藏语系中的声调语言的声调类似，能够区分一部分同音词。如はし，读升调时的意义为"桥"，写出来是汉字"橋"；读降调时意义为"筷子"，写出来是汉字"箸"。再如あめ，读升调时的意义为"糖"，写出来是汉字"飴"；读降调时意义为"雨"。下面我们就来看一下日语的音调类型。

日语的音调其主要类型有三种：①平板型，第一个音节低，以后的都高，一直到词尾。②头高型，与平板型正好相反，第一个音节高，以后的都低，一直到词尾。③中高型，开始与平板型一致为低，第二个音节高，从第三个至倒数第二个音节之间不定，某一音节开始低下来，直到词尾。

2. 日语音调与汉语声调的相同之处

除能够区分一些同音词外，日语的音调与汉语的声调还有一个共同点。由于在语流中受到前后音节发音的影响，汉语的声调有时候会发生一些变化：一些音节在一个多音节词或短语的末尾或中间出现时，其读音有时会出现轻化现象，即读得比一般时候要轻，如"包子"中的"子"。日语也有类似的情况，不过不限于非词首音节，如"北"的训读きた /kita/，i 的读音在语流中往往会被弱化。

3. 日语音调与汉语声调的不同之处

虽然日语的音调也有区别某些同音词的作用，但是它与汉语的声调还是存在一些差异的。

①日语的音调不具有汉语声调调值的相对固定性。日语不像汉语等有声调语言一样，每个声调本身有固定的调值，也就是说汉语的音调其起始、持续和结束都有固定的音高，而日语的音调只需要有人耳可以区分的相对高低就足够了。

②日语的音调不具有汉语声调调类的条件可变性。相对于调值的固定性而言，汉语的声调除了有时能发声轻化外，有时还会发生调类的改变。例如，汉语的全上声其调类为降升型，而在人们实际交流中，全上声是很难出现的。它在非上声之前要变读作半上声，即低降调，而在另一个上声或者轻声前有时要变读作半上声之外，更多的时候要改读为阳平调。

（三）对日汉语语音教学的声调教学建议

1. 对日汉语声调教学的现状

由于日语的音调与汉语的声调有类似之处，故而日本学生在学习汉语声调的时候往往可以利用日语的音调去模仿汉语的声调。这是母语具有音调的日本学生在学习汉语时的优势所在。

虽然日语中有此类便于我们在教学中利用的资源，但是各种日文版的对外汉语教科书中对此几乎从未提到过。这就无异于我们自己放弃了一个最有利于教日本学生在学习汉语声调的天然条件。

2. 对日汉语声调教学建议

既然对于日本学生来说，汉语的声调可以采用对比日语音调的方法来进行教学，在这一点上来说，教日语背景的学生要比欧美学生稍微容易一些。

对于日本学生来说，根据他们语言的音调特点，在教授其学习汉语四声时，要注意以下几点。

①声调的教学顺序可以按照正常的阴阳上去顺序来教。其中，汉语阴平声调与日语平板型音调除第一音节外，后边趋势一致。阳平则与平板或中高型的前两音节走势一致。日常说话中几乎用不到全上声，我们一般用其前半段，称"半上"的低降段，其调值为 21，与日语的头高型音调的前两音节类似。去声也与日语的头高型音调其前两个音节相类似，不过其下降的起点高，终点低，加之去声又是四个声调中发得最快、最短促的，其下降的程度更大。

②在教学与练习过程中，要格外注意阴平、阳平发音调值的到位程度，并且要令其区分好半上与去声的下降程度，以免在后续学习中，影响汉字读音学习的准确度。

③与声母和韵母教学类似，我们也可以在教学时利用两国共有的常用汉字来进行辅助性的教学。比如，汉语去声的演练，我们还是以"愛"字为例：在发复元音韵母 ai 的同时，教师在示范时可以加上手势，在空中由高到低画一条陡降的斜线。反复几次，让学生理解去声的下降程度要比日语中头高型音调下降的幅度要大、速度要快。

第二章 日语教学的基本内容、目标体系与基本原则

日语教学是一项非常重要的教育活动，其目的是帮助学生逐步掌握日语听、说、读、写和译等技能。在教学过程中，教师需要有目的地、有组织地、有计划地进行教学，引导学生从最基础的假名开始，逐步提高日语的能力。这个过程是相当复杂的，需要遵循一定的规律，因此教师在教学中需要认真分析学生的情况，制订合理的教学计划，以便更好地实现教学目标。通过科学的教学方法和规律性的教学过程，学生的日语水平将会得到显著提高。

第一节 日语教学的基本内容

一、日语知识教学内容

（一）日语语音教学

1. 元音的发音

元音是语音的基础。日语中只有五个元音"あ""い""う""え""お"，这五个元音的发音与汉语类似元音的发音有差别。语音教学的一个常见问题就是由于没有准确掌握元音的读音，从而导致学生学习"辅音加元音"的假名时发音不准。

2. 发音时口型、舌位变化

日语语音的一个特点是元音的发音清晰，虽然受辅音影响，但元音性质明了，辅音发音时舌位变化不大，喉音较多。学生受汉语中双元音的影响，在有些元音的发音上，口型变化过大。

3. 发音部位

日语发音和汉语发音是不一样的，日语发声时，主要是用口腔的中间部分，不存在纯尖音和后舌音。而在汉语当中，出现了许多儿化音，儿化音的发音部分都是在舌头靠后一点的位置，需要卷起舌尖，属于卷舌音。在日语中，没有儿化音。因此，这也是发音教学中需要注意的问题。

4. 元音无声化

日语中的元音无声化是一种特殊的发音现象，不同于汉语的轻声发音。元音"i"在特定情况下不需要声带振动，只需要完成口型。这种发音的规律性和应用场景需要学生在日语学习过程中逐步掌握，以提高准确度和流利度。

5. 声调

声调是语言中重要的组成部分，对于日语而言，声调主要是高低型的，而在活用词中，声调的变化非常复杂。此外，不同方言之间的声调也有所不同，为了更好地进行教学，一般会以东京语的声调为标准。在日语中，声调变化通常发生在假名之间，每个假名表示一个音拍，但并不像汉语四声调型那样发生类似的声调变化。根据高音拍的位置，日语的声调可以分为四种类型：平板型、头高型、中高型和尾高型。平调发音是日语教学中的难点，需要进行针对性的指导和练习。通过反复练习，学生可以掌握正确的发音技巧，提高日语口语能力。

6. 浊音与拗音的发音

浊音教学的重点主要在于区分清音与浊音。拗音教学的重点在于严格区别拗音和直音（非拗音）。因此，在指导浊音与拗音的学习时，关键在于能够准确识别。

7. 促音的发音

促音是日语语音中一个重要的组成部分。中国学生学习日语时，促音的发音是一个难点。促音的发音需要掌握发音规律和技巧。促音的发音形式有三种，即双唇促音、喉头促音和舌尖促音，需要根据不同的发音部位进行发音。在教学中，可以通过示范和模仿的方式让学生掌握正确的发音方法。同时，可以通过加强听力训练和反复练习来加强学生对促音的认识和掌握。在促音的练习中，需要注意促音的节奏感和顿挫感，让学生通过感性的方式来掌握促音的发音方法。此外，可以通过对促音的发音实例进行比较和分析，让学生更好地理解促音的发音特点和规律。通过练习，学生可以逐渐提高促音的发音准确性和自然程度，从而更好地掌握日语的语音特点，提高语言交际能力。

8. 拨音的发音

日语拨音只能作为后辅音加在其他假名后面，不能用作前辅音，也不能单独使用。一个假名加上拨音，发音时前面的假名元音要发得轻些，随即向拨音过渡，在语流中占两个音拍"-n""-ng"。拨音的发音规则共有五种变化，教学时要指导学生掌握规律，准确模仿。

9. 音拍

日语的假名是日本语言中最基础的书写形式，是音节文字，通常一个假名代表一个音节。每个假名的发音时间单位称为"拍"，假名和拍的数目通常是一致的。在日语的发音中，每个假名的音长时间大致相等，包括清音、浊音、半浊音等。在日语中还存在一些特殊的音节，如促音、拗音、拨音、长音等，它们由两个假名组成一个音节，并且需要两个拍的时间来发音。

因为在日语中，每个假名的音节和拍数目都是一致的，所以任何一个假名的延长或缩短都会影响整个词汇的发音节奏和语音节奏。因此，日语教学中，要求学生掌握正确的假名发音长度和"拍"的规则，避免在日语的发音中出现不规则的语音节奏。只有通过反复的听力训练和发音练习，才能让学生更好地掌握日语的音节规律和语音特点，提高语言交际能力。

10. 长音与短音的发音

日语中的长音也是一个特殊音，它不能单独构成音节，它与前面的音一起构成日语的长音节。日语的长音在语流中占两个音拍。发长音要领是，当前一音节发音完毕，口型保持不变，继续元音的发音，音拍拉长一拍。

综上所述，在语音教学中，应采用多种教学手段，如听力训练、模仿练习、口语表达、阅读练习、写作训练等，全方位培养学生的语音能力。同时，应该注意不同学生之间的差异性，采用差异化教学方法，以满足不同学生的需求。此外，教师应该注重教学过程中的反馈和评估，及时纠正学生的发音错误，激励学生积极参与语音练习，提高语音表达能力和交际能力。

（二）日语词汇教学

1. 词汇记忆

根据各阶段日语词汇教学目标，从词汇教学的数量上看，基础阶段为6000～8000个词汇，200个左右的惯用词组，其中积极掌握量不少于一半；高级阶段接触15000～20000个词汇，500个左右的惯用词组，其中积极掌握量不少于10000。为了帮助学生更好地掌握词汇和惯用词组，教师可以利用多种教学材料，如词汇书、词汇卡片、电子学习资源和在线词汇练习。同时，教师需要鼓励学生通过反复练习来巩固记忆，可以使用各种学习技巧，如拼写、背诵、造句、联想和语境学习等。在课堂活动中，教师可以组织小组讨论、口语练习和写作任务等，让学生在实践中应用所学的词汇和惯用词组，提高语言水平和应用能力。

2. 词义的准确识别

对词义概念的错误理解通常表现在三个方面：第一，对汉字词义的误解；第二，对日语固有词汇的误解；第三，对外来语词汇的误解。

在学习日语词汇时，学生需要注意日语与汉语词汇之间的差异，特别是那些形状相同但含义不同或含义相近但使用范围不同的词汇。例如，"公園"在汉语中的意思是"城市或乡村中供公众游玩、休憩的地方"，而在日语中除了这个意思，还可以指"公司里或学校里供员工或学生休息、娱乐的场所"。再例如，"病気"在汉语中的意思是"身体不适"，而在日语中除了这个意思，还可以指"精神上的疾病或心理问题"。此外，还有一些特定的日语词汇，如"けれども"和"でも"，在汉语中都可以翻译成"但是"，但在日语中具有微妙的语义差异，不能随意混用。

因此，学生在学习日语词汇时需要认真对待每个词汇的含义、使用范围和语义差异，通过多方面的学习和练习来巩固词汇的掌握。教师可以利用各种教学材料，如词汇书、词汇卡片和在线词汇练习等，来帮助学生巩固词汇的掌握和理解。同时，教师还可以鼓励学生在实践中应用所学的词汇，以提高学生的语言水平和应用能力。

3. 词义概念的正确掌握

词义除了指词所代表的概念，还有相关意义，包括内涵意义、语体意义、感情意义和搭配意义。词的相关意义也是词汇教学的范畴。掌握词汇的属性、结构、语法功能和使用情境，以及在不同语境中词义的变化，对于准确地运用词汇至关重要。对于那些含义不止一个的词汇来说，学生需要特别注意掌握每个含义的具体应用情境和使用方式，以避免使用不当导致交流障碍。

4. 词汇音感的把握

在日语词汇教学中，注重学生的语感培养是非常重要的。教师可以通过教授拼音、假名、音节和音调等基础知识，帮助学生建立正确的音感和语感，并指导学生在词汇的学习中重视音韵和发音规律。此外，教师还可以通过多种听说读写综合的课堂活动，激发学生的兴趣，提高学生的参与度，增强学生对于日语语感的把握。同时，教师应该注重学生对日语文化和社会背景的了解，加深学生对词汇的理解和记忆，促进学生语言运用能力的全面提高。

（三）日语语法教学

1. 语法体系的把握

掌握日语语法是学习日语的难点之一。日语语法体系包括严格的文语和口语体系、多种语法范畴和词类，以及复杂的语法结构和惯用语。此外，不同的身份地位和场合也需要不同的表达方式，如果使用不恰当，可能会导致交际不畅。因此，学生需要在掌握日语语法的同时，注重在实践中应用语法知识，加强对语法的理解和记忆。只有在日常实践中不断积累，才能更好地掌握日语语法，避免在交流中出现语法上的冲突。

2. 语法规则的记忆

学习日语语法是日语学习的一大挑战，因为它需要学生掌握复杂的句型结构、词类、助词和助动词等语法知识。此外，日语语法体系也受到不同的场合、身份地位和表达的断定语气等因素的影响，因此需要学生在实践中不断地应用语法知识加深理解和记忆。学生在学习日语语法时，需要投入大量的精力和时间去理解、记忆和应用语法知识，以避免在交流中出现语法上的冲突。因此，学生应该积极学习和实践，不断提高自己的语感和语言表达能力。

3. 语言规则的正确理解

日语的语法结构是学习的一大难点。日语的词类主要分为两类，一类是用于表示客观事物，另一类则用于表达主观意志。在日语语法中，助词和助动词扮演着非常重要的角色，因为它们可以用于连接句子、表达句子之间的逻辑关系、连接句子成分以及表达说话者的语气，从而实现句子的表达。因此，掌握这些具有语法功能的词汇对于理解日语语法结构具有重要作用。同时，日语中还存在着许多具有语法功能的词汇，包括句型、文言助词、助动词的残余用法、起助词和助动词作用的复合成分等。

学生在掌握日语语法结构的同时，往往会遇到许多困难。日语语法的句型结构通常较为复杂，搭配多样化，每种句型的应用场合和表达的断定语气也有所不同，需要认真学习才能掌握。此外，由于日语属于黏着语系，助词、助动词的应用在语法学习中占据重要地位。学生需要记住每个助词和助动词，并理解它们的一词多义带来的记忆和理解上的困难。此外，学生还需要记忆动词、形容词等内容，这也需要投入大量精力。

因此，日语教学应当注重这些具有语法功能的词汇的教学，并通过多样化的教学方式帮助学生掌握它们的使用规律。例如，可以采用对话、听力、阅读等多种教学形式，帮助学生在实践中掌握这些词汇的使用方法。同时，学生还需要注重在实践中应用语法知识，加强对语法的理解和记忆。只有在日常实践中不断积累，才能更好地掌握日语语法，避免在交流中出现语法上的冲突。

4. 语法的熟练应用

语言规则教学的目标是帮助学生自如地应用语法和句型进行交流和写作。因此，教学的重点应该是帮助学生实际运用所学的语法知识，而不仅仅是进行书面练习。尽管练习习题可以帮助学生掌握语法规则，但是在实际交流中熟练运用语法规则是非常重要的。因此，教学应该注重实际交际练习，让学生在实际情境中运用所学的语法知识，以避免在交际过程中出现语言错误或表述不流畅的问题。

在实际交际练习中，学生可以尝试和其他学生或教师进行日常对话、口头报告、辩论或演讲等活动。这些活动可以帮助学生逐步熟练地掌握语法规则，并在实际交际中灵活运用。此外，教师可以提供一些语言模板和实用短语，帮助学生更好地掌握语言应用技巧。

练习习题也是教学中不可或缺的一部分，可以帮助学生理解和掌握语法规则的基本概念。但是，教师应该结合实际情境来设计习题，让学生在练习中学会如何灵活运用语法规则，以及如何将所学知识应用到实际交际中。此外，教师还应该注重学生对错误的纠正，以帮助学生更好地理解和掌握语法规则。

二、日语听力教学内容

（一）培养"听音会意"能力

为了提高日语听力能力，我们需要进行听力和辨音练习，并且深入了解日语语音的组成特点。和汉语不同，日语有长音和短音的区别，这也是日语听解难点之一。因此，学习日语听力不仅要掌握听音和辨音的技巧，还需要准确理解语音所表达的意思，包括音素、音调、音长和音节等要素，从而正确领悟句子的核心思想。为了达到这个目的，除了进行听力练习，还需要注重理解语音的特点，如长音和短音，以及综合运用语音、词汇和语法知识。只有这样，才能真正提高日语听力能力，理解句子的核心意思，并且解决在日语听解教学中遇到的难点。

（二）培养快速准确存储信息的能力

当用母语交流时，我们通常可以听到长篇内容并能够大致复述其主要内容，这是因为我们的短时记忆在发挥作用。然而，当使用外语交流时，我们常常无法记住全部内容，甚至只能记住后半部分，而前半部分则被遗忘。这是由于我们对外语的抗拒心理影响了记忆能力，并且也影响了对句子的理解。这种抗拒心理会对我们的记忆产生不利影响，从而使我们难以理解所听到的句子。因此，在进行听力训练时，克服这种抗拒心理非常重要。只有克服了这一难点，我们才能够有效地记住外语内容并提高听力水平。同时，这种情况也会影响到我们大脑的记忆效果，所以我们必须认真对待并采取有效措施来克服这个问题。

（三）培养长时间听解的能力

当我们试图听懂一门语言时，过度的紧张和焦虑会导致大脑疲劳和听力空白。这个问题不仅存在于学习外语的情况下，对于母语听解也同样存在。然而，在学习日语这门语言时，这个问题尤其普遍。这是因为日语的思维方式与我们的母语不同，我们需要建立信息输入和输出的通路。在教学中，教师需要协助学生尽快建立这个通路，并且持续进行训练，以帮助他们逐渐适应日语的思维方式，减轻紧张和陌生感。只有这样，才能让学生更好地理解日语，并将听日语和听母语的感受趋向一致。因此，提高学生长时间听解的能力成为提高听力水平的一个重要任务。

（四）培养调整思维方式的能力

日语和汉语的语序存在较大差异，这可能会对日语听力教学产生干扰。因此，教师需要通过训练，帮助学生逐渐将思维转换到日语表达方式上，以减少母语对听解内容的干扰。这一转换过程需要时间和练习，才能形成从汉语表达方式到日语表达方式的完整转变过程。因此，如何实现语言表达方式的转换，以减少母语对听解内容的干扰，是日语听力教学的一个关键。

（五）培养准确取舍所听主旨内容的能力

听力理解的关键是理解谈话的核心意思。当使用外语进行交流时，我们可能会感到有些困难，因为我们需要理解谈话的逻辑、进行客观判断并把握话题的方向等。这种情况会导致听者和说话人的思维产生差异，听者难以掌握谈话的核心意思并分析和判断所听内容，因此难以准确表达自己的意思，也无法真正参与到谈话中。因此，把握谈话的核心意思是日语听力教学中的一个关键要点。

（六）培养适应各种语速听力的能力

适应不同说话人的语音和语速是日语听解能力培养的要点，但由于每个人的发音习惯和语速不同，跟上他们的语速往往是培养听解能力的难点。

三、日语口语教学内容

（一）自信地开口说日语

许多学习日语的人因为对自己的发音、语流和语调不自信，或者担心自己会说错话而感到害羞，因此不敢开口说日语。这种情况很普遍，导致他们可能能够写得不错，却不能够说，或者虽然能够理解，但是不敢开口说出来。因此，教师在教授会话课程时，需要注重提高学生的口语自信心，这是解决这一问题的首要任务。

（二）排除母语翻译

学习日语的人普遍会面临一个挑战，就是要克服母语的影响，即使母语对日语学习造成了影响，也需要摆脱这些影响，只有这样才能真正掌握日语。在学习日语时，可能会出现以中式日语为主的情况，这会使得表达不够清晰，同时也会降低调用词汇的速度，影响语言交流的顺畅度。因此，学生需要认真思考并努力纠正这些语言习惯，以提高日语水平，并增强自信心。

（三）提高语速和表达流畅度

学习语言时，翻译可能是重要的任务，但真正有能力学习语言的人通常不需要依赖翻译。要进行翻译，需要注意日语的语速，多练习正确的发音以锻炼口腔肌肉和大脑记忆，使发音更加清晰。在日常无目的聊天时，要尽可能快速地转换话题，调动记忆中的词汇，以加快交流速度。

（四）既关注语言表达形式，又重视表达的内容

学习日语时，除了要关注词语的运用和句式问题，还要注意理解说话的内容以及思想主题，以便避免发生语言理解和表达的错误。因此，在学习日语时，应当兼顾语言的形式和内容，以获得更好的学习效果。

（五）在有声状态下表达时提高思维能力

在语言学习中，双声学习指的是大声朗读，大脑中有声音，耳朵中同样有声音，可以听到自己朗读的内容，这样可以带来双倍的学习效果。而单声学习则指

的是默读，只有大脑中有声音，没有外界的声音。朗读可以更有效地提高学习能力，所以双声学习更加有效。

四、日语阅读教学内容

（一）阅读速度的提高

根据教学大纲的规定，在语言学习的初级阶段，阅读的速度应当在 1 分钟 50～80 个词，在语言学习的高级阶段，阅读的速度应当在 1 分钟 100～130 个词。学生在刚开始进行阅读练习时，由于不熟悉词汇、对日语的使用规则和文中的内容陌生，因此达到大纲的要求比较困难。为了提高阅读的效率，只有不断地进行练习和训练才能达到规定的目标。

（二）语言的准确理解

日语中助动词和助词的使用可以使语句的语序变得更加复杂，而且不会影响语意，这样就可以在句子中使用更多的修饰语，从而使语句更加生动。这就导致学生无法立即弄懂语句的意思或文章的中心思想，因此不得不重复阅读，从而使阅读速度变慢。

（三）阅读兴趣的保持

在阅读时，如果遇到不熟悉的语法或生词，很多学生会暂停阅读去查找其含义，这可能会中断阅读的连贯性，让阅读变成学习生词和语法的过程。如果学生一再中断阅读，对阅读的兴趣可能会降低，感到阅读有压力，从而不愿意阅读，这种情况很普遍。因此，学生需要学习一些技巧，如通过上下文猜测生词含义或忽略语法错误，以便不中断阅读的流畅性，从而更好地享受阅读带来的乐趣。

（四）工具书的运用

在阅读过程中使用工具书是可以的，但是要学会正确使用。不能因为觉得麻烦而不愿意使用工具书，也不能过度依赖，完全把记忆知识和词汇的责任放在工具书上是不正确的。因此，学生正确使用工具书对于提高阅读准确性、加快阅读速度以及激发阅读兴趣都非常重要。因此，在阅读教学中，指导学生正确使用工具书是一项不可忽视的重要任务。

（五）阅读过程中想象、推理等思维能力的培养

阅读是一种复杂的学习过程，需要读者全神贯注地理解文章的意义，同时动用多种认知能力，如想象、判断、归纳、概括、推理、分析和综合等。如果读者

只是简单地识别文章中的语言符号，没有深入思考文章的含义，或者在朗读或默读时没有积极地运用自己的思维能力，那么他们很难真正理解文章的内容。因此，阅读需要读者全面参与、积极思考，才能达到有效的阅读理解。

五、日语翻译教学内容

（一）翻译的基础知识

翻译的基础在于翻译者能够熟练掌握外语和母语。他们需要具备广泛的词汇量、扎实的语法知识、良好的阅读或听解能力、优秀的分析理解能力、准确的措辞能力，以及较高的文学艺术修养等。在翻译教学中，准确翻译是基本原则，因此，理解和表达两种语言的能力对翻译质量和水平有直接影响。为了实现准确翻译，学生需要深入理解发言者或作者的语言，把握他们的思想和心理，然后巧妙地利用另一种语言来表达和传达这些思想和话语的含义。此外，日语教学还需要注重提供"信息传递的方法和策略"，并重新加强对母语的教学，以便为翻译教学提供坚实的基础。在翻译教学中，无论是口译还是笔译，理解和表达两种语言的能力都是必不可少的，这也是日语教学应该注重培养的能力。

（二）翻译的技巧分析

翻译教学的主要目的之一是帮助学生掌握翻译技能。在词汇转换方面，学生需要注意中日文之间的概念差异、专有名词或多义词，以及词汇的情感色彩等方面。此外，学生还应该注意到位相语、习语、缩写、数字、流行语、歇后语、拟声和拟态词以及特殊词汇的翻译。翻译教学不仅涉及语言结构、规则、句型和语法等，更重要的是帮助学生正确理解句子的语言逻辑。翻译文章的翻译技巧因不同文体、文稿和题目而异。翻译教学的目标是引导学生正确掌握翻译技巧，并在实践中为翻译提供理论指导。

（三）把握翻译标准

翻译标准一直是翻译理论研究的热点。然而，到底是"信、达、雅"还是"神似""化境"是翻译的终极目标，这是一个问题。翻译理论教学也需要面对这个挑战。作为教师，我们的责任是引导学生根据不同的翻译场合和目的，采用不同的翻译技巧，灵活掌握不同的翻译标准，从而实现有效的翻译实践。因此，教师需要帮助学生学习如何把握不同的翻译标准，以便他们能够在不同的翻译场合中更加有效地进行翻译。

（四）翻译的心理训练分析

口译活动对译者的心理素质要求极高，因为他们需要在紧张的现场氛围中工作，应对嘈杂的环境、情绪波动和注意力分散等压力因素，这些都可能导致翻译失败。此外，翻译的质量也受到译者快速反应能力、机智应答、敏锐判断和灵活交际的影响。对于笔译来说，也有其特殊的要求，如精益求精的钻研精神、抗拒枯燥的毅力以及持久工作的韧性。只有拥有良好、稳定的心理素质，译者才能有效地提高自己的双语翻译能力。

（五）翻译的职业素养分析

译者需要具备丰富的知识结构，了解不同行业的基本情况，以及专业知识（母语知识和外语知识）。此外，译者还需要具备综合素质，如记忆力、记录能力、逻辑分析能力、概括能力、语言表达能力和写作能力等。同时，译者需要具备良好的政治素养，包括社会责任感、爱国心、民族热情和信仰等。在职业道德方面，译者需要具备保密意识、严谨的工作作风和实事求是的翻译态度等。此外，译者的行为素养也非常重要，如正式的着装、正确的态度和严格的守时等。这些素质都是翻译教学中必须培养的品质。

第二节　日语教学的目标体系

一、基础阶段教学的内容目标及要求

日语专业基础阶段的教学基本要求是：

在日语专业基础阶段的教学中，学生需要掌握一定的语音、语法和词汇基础，同时了解日本文化和社会背景，能够基本进行日常生活用语的交流。

在语音方面，学生需要学会正确发音并辨认五十音图，了解声调、拗音、促音等特点。另外，对于日语的音韵规则和连读现象也需要有基本的了解。

在语法方面，学生需要掌握基本的句型结构，动词变化规则，名词、形容词和副词等基本词类的用法和搭配，以及助词和语气助词的使用。

在词汇方面，学生需要学会常用词汇和表达方式，如问候、介绍自己、询问时间和地点、描述天气和食物等。

此外，了解日本文化和社会背景也是非常重要的。学生需要了解日本的礼

仪、文化习俗和日常生活方式，对于日本的历史、地理和经济情况也需要有一定的了解。

在日语专业基础阶段的教学中，学生需要掌握基本的语音、语法和词汇，同时了解日本文化和社会背景，以便能够基本进行日常生活用语的交流。

二、高年级阶段教学的内容目标及要求

在日语高年级阶段的教学中，学生已经具备了一定的语言基础，需要进一步提高听、说、读、写能力，丰富词汇量，提高语法水平和文化素养。因此，高年级阶段教学的内容目标和要求如下：

提高听力和口语能力 学生需要听懂并流利地使用各种语境中的日语，能够进行简单的日常交流和表达自己的意见。要求学生能够掌握基本的日常会话技巧，并能在真实的语言环境中运用所学的语言知识。

扩大词汇量 学生需要掌握日常生活和学习中常用的词汇，并逐渐扩大词汇量，包括生活、文化、社会和专业方面的词汇。要求学生掌握词汇的正确拼写和正确的用法，能够在不同的语境中运用所学的词汇。

提高阅读能力 学生需要读懂简单的日语材料，并理解其中的重点和要点。要求学生能够熟练使用词典和参考书，提高自学能力和阅读能力。

加强写作能力 学生需要用正确的语法和词汇进行简单的写作，包括短文、日记、电子邮件等。要求学生能够掌握写作的基本技巧和规范，提高写作的表达能力和语言表达水平。

加强文化学习 学生需要通过学习日本文化和社会背景，了解日本的历史、风俗和文化特点，从而更好地理解和使用日语。要求学生能够掌握基本的礼仪和文化知识，尊重和理解不同文化之间的差异。

第三节 日语教学的基本原则

一、交际性原则

交际性原则是指在语言教学中，强调语言应该具备实际应用的交际功能，而不仅仅是理论知识的学习。它是语言教学的基本原则之一，也是现代语言教学中最为重要的原则之一。在日语教学中，交际性原则被广泛应用，以帮助学生提高日语的实际应用能力。

交际性原则要求教师在教学中，注重培养学生的语言运用能力，让学生学会用日语表达自己的想法和观点，掌握日常生活中的交际技能。在课堂上，教师应该注重交际性的实践，鼓励学生进行日常生活中的交际活动，如问候、介绍、询问、邀请、道歉等。

交际性原则要求语言教学注重交际情境的营造。教师应该把课堂变成一个真实的语言情境，让学生通过语言实践，学会在不同的情境中进行交际。例如，在教学"购物"的课程中，教师可以通过布置角色扮演的任务，让学生在模拟的购物情境中进行交际练习，培养学生在日常交际中的语言能力。

交际性原则要求教师注重语言技能的培养，尤其是听力和口语技能的培养。教师应该注重听力和口语训练的实践，如通过日语广播、电视节目等真实材料，让学生进行听力练习，并通过课堂对话、演讲等活动，提高学生的口语表达能力。

交际性原则还要求教师注重学生的个性发展和创造性思维。教师应该引导学生在交际活动中发挥个性特长，培养学生的创造性思维能力。例如，通过让学生进行情境设计、演讲比赛等活动，培养学生的语言表达能力和创造性思维能力。

总之，交际性原则是日语教学中最为重要的原则之一，它要求教师注重学生的语言运用能力、交际情境的营造、语言技能的培养和学生的个性发展和创造性思维。

二、综合性原则

综合性原则是指在日语教学中，要将听、说、读、写等语言技能有机地结合起来，形成一个相互补充、相互促进的整体。这一原则旨在提高学生的语言综合运用能力，让他们不仅能听懂日语、说出日语，还能阅读日语文本、用日语写作。

在实际教学中，综合性原则要求教师通过多种形式的教学活动，让学生在不同的语言环境下进行语言实践。比如，在听力教学中，教师可以采用日语电影、音乐等多媒体素材，提高学生的听力水平。在口语教学中，教师可以组织角色扮演、情景模拟等活动，让学生在模拟的情境下进行口语交流。在阅读教学中，教师可以引导学生学习日语文化和背景知识，提高学生的阅读理解水平。在写作教学中，教师可以通过模仿、造句等方式，帮助学生提高写作技能。

通过综合性原则的实施，可以促进学生各方面语言技能的协调发展，提高他们的语言综合运用能力，使他们在实际生活中更加自如地运用日语进行交流和表达。同时，也能激发学生的学习兴趣，增强他们的学习动力和自信心。

三、循序性原则

循序性原则是日语教学中的一项重要原则，它强调在教学过程中要根据学生的实际情况，循序渐进地进行教学，从简单到复杂，从易到难，由浅入深地逐步推进。这一原则在日语教学中具有重要的指导意义，可以有效地提高教学效果和学生的学习兴趣，是一种有效的教学策略。

首先，循序性原则要求教师从教材和学生的现实情况出发，结合学生的实际情况，确定教学的步骤和内容。在选择教学内容和教学方法时，要根据学生的日语基础、学习目标和兴趣爱好进行合理的安排。例如，对于初学者，可以从基础的语音、词汇和语法入手，逐步扩大学生的语言知识面，提高学生的语言能力。

其次，循序性原则要求教师在教学过程中要有意识地进行复习和巩固。在学生掌握了一定的语言知识后，要及时进行巩固和复习，以加深学生对语言知识的理解和记忆。例如，可以通过课后练习、小测验、口语练习等方式，帮助学生巩固所学的知识。

最后，循序性原则要求教师在教学过程中适度超前，提前预习下一步的教学内容。这样可以为学生创造良好的学习氛围，让学生对未来的学习有清晰的认识和规划，提高学生的学习积极性和主动性。

总之，循序性原则是日语教学中不可或缺的一项重要原则。教师要结合学生的实际情况，根据教学步骤和内容的难易程度，逐步推进教学，强化知识的巩固和复习，提前预习下一步的教学内容，这样可以有效地提高学生的学习兴趣和积极性，提高教学效果。

四、灵活性原则

灵活性原则是指在日语教学中，教师需要根据学生的实际情况和需求灵活地调整教学方法和内容，以达到最佳的教学效果。这一原则在日语教学中尤为重要，因为不同的学生有不同的学习风格、兴趣爱好、学习目的等，而教师需要根据这些因素来设计和调整教学内容和方法。

在实践中，灵活性原则可以体现在多个方面。首先，教师需要根据学生的不同水平和需求，安排相应难度和类型的教学内容。对于初学者，教师需要注重基础知识的讲解和练习，帮助学生掌握基本的日语语音、词汇和语法规则。而对于进阶学习者，则需要注重口语和听力能力的训练，同时提升学生的阅读和写作能力。

其次，灵活性原则要求教师根据学生的兴趣爱好和学习目的来设计教学内容。例如，对于喜欢日本动漫、音乐、电影等方面的学生，可以通过相关的材料和活动来激发他们的学习热情，提高学习兴趣。对于商务、旅游等特定领域的学生，则需要注重相关领域的词汇和表达方式的教学。

最后，灵活性原则要求教师采用多种教学方法和手段来满足学生的不同需求。例如，可以采用游戏、音乐、影视等多种形式的教学活动，以增强学生的参与感和兴趣。同时，还可以结合现代技术手段，如在线教学平台、语音识别等工具，来提高学生的学习效果。

总之，灵活性原则在日语教学中具有重要的意义。教师需要根据学生的不同需求和情况，灵活地调整教学内容和方法，以达到最佳的教学效果。

第四节　日语课堂教学质量提升的途径

一、提高日语教师自身素质

从微观上说，高校日语教师应当拥有创新性的日语教育理念和完善的日语知识能力，以更好地适应时代变化、迎接挑战，培养创新型日语人才。日语教师需要不断提升自身素质，把握教育改革的脉搏，以求达到教学的完美。只有这样，才能真正地为学生的日语学习带来有价值的产出。

（一）具备创新性的日语教育教学理念

高校日语教师的创新性日语教育教学理念是指为满足现代日语教学所需要的不同层面的要求，发展出新的教学方法和教育模式的思想和观念。创新性的日语教育教学理念可以激发学生的学习热情，促进学习效果的提升，提高教学质量，为培养具备国际竞争力的人才奠定坚实的基础。因此，高校日语教师必须具备创新性的日语教育教学理念，以适应时代的发展和挑战。

1. 为学生提供积极主动的学习环境

创新性的日语教育教学理念需要关注学生的主体性，为学生提供积极主动的学习环境。高校日语教师应当通过多种教学手段，让学生积极参与到日语学习的过程中，激发他们的兴趣和学习动力。例如，通过小组讨论、角色扮演等活动，让学生更好地融入日语学习的氛围中，提高他们的参与度和学习效果。

2. 倡导以实用为导向的教学方式

现代日语学习已经从单纯的语言学习转变为多元化的语言实用能力的培养。因此，创新性的日语教育教学理念需要倡导以实用为导向的教学方式。高校日语教师应当注重培养学生的语言实用能力，教授实际的日常交际用语，注重语言的运用能力和交际技巧的培养。同时，教师应当引导学生了解和掌握日语语言文化背景，为学生的语言应用能力提供更为广泛的支持。

3. 引入多元化的教学手段

传统的日语教学方式往往单调乏味，难以激发学生的学习兴趣和动力。创新性的日语教育教学理念需要引入多元化的教学手段，使学生在愉悦的氛围中学习日语。教师可以通过多媒体、网络等多种教学手段，引导学生探究日语语言的本质和规律，同时，日语教师还应当注重学生的自主学习和终身学习能力的培养。在教学过程中，可以采用多样化的教学手段和方法，如让学生进行小组合作、制作教学课件、利用多媒体教学、参观日语相关展览等，激发学生的学习热情，增加学习的乐趣。并且，教师要鼓励学生积极参与课堂讨论和思考，通过问题解决等方式提高学生的自主学习能力和创新思维能力，使他们能够在日语学习过程中形成自我思考、自我学习的习惯，以便更好地适应未来的学习和生活。

（二）具备完善的知识能力结构

在日语教育教学中，教师只有具备丰富的语言知识和专业知识，才能帮助学生更好地掌握日语。因此，具备完善的知识能力结构是提高日语课堂教学质量的关键因素之一。

首先，日语教师需要具备扎实的日语语言知识。作为教师，掌握日语语言的基本结构、语音、语法、词汇和表达方式等是必要的。只有对语言本身有深刻的理解，才能够更好地指导学生学习日语和提高日语水平。同时，教师还需要掌握日本文化、社会背景、历史等方面的知识，以便更好地理解和传授日语知识。

其次，日语教师需要具备现代教育教学方法和技能，能够根据不同的教学情境和学生特点，选择合适的教学策略和方法，达到事半功倍的效果。例如，通过引导学生参与活动，培养学生的语言运用能力；通过开展角色扮演、情景模拟等形式，提高学生的语言表达和沟通能力；通过多媒体教学手段，激发学生的学习兴趣和积极性。

再次，教师需要具备课堂管理能力，能够有效地控制课堂秩序，确保教学效果。

最后，日语教师需要具备反思和创新的能力。随着时代的变迁和学生的需求不断变化，教师需要不断反思自己的教学方法和策略，以期不断提高教学效果。同时，教师需要寻求新的教学思路和方法，进行创新实践，以更好地适应新时代的教育教学发展。

综上所述，具备完善的知识能力结构是提高日语课堂教学质量的重要条件。教师需要不断学习和提高自身的知识水平，不断探索新的教学方法和策略，以更好地帮助学生提高日语水平，培养具有国际视野和竞争力的人才。

二、提升日语教学环境整体水平

宏观地说，高校教育和教学的发展离不开教学环境整体水平的提升，它不仅是高校发展和生存的基础，更是培养创新型人才的核心组成部分。

（一）高质量日语教学团队的培养

在提升日语教学环境整体水平的过程中，培养高质量的日语教学团队是非常重要的一环。一个优秀的日语教学团队应当具备以下特点：

1. 专业知识广泛、扎实

日语教学团队中的每个成员都应当具备专业知识广泛、扎实的特点。他们需要对日语语音、词汇、语法以及日本文化有深入的了解，以便能够为学生提供优质的教育服务。

2. 教学经验丰富

日语教学团队中的成员需要具备丰富的教学经验，特别是针对不同类型的学生有相应的教学方法和策略。教学团队应该根据学生的特点和需求，采用不同的教学方法和策略，使得学生在课堂上能够更好地理解和掌握知识。

3. 团队协作能力强

在日语教学团队中，成员之间需要具备团队协作能力，能够共同协作完成教学任务。同时，他们需要有良好的沟通和协商能力，能够在教学过程中处理好各种不同的情况和问题。

4. 创新意识强

日语教学团队应当具备创新意识，不断地研究和探索新的教学方法和策略，不断提高教学效果，满足学生不断提高的需求。

在培养高质量的日语教学团队的过程中，高校应当采取多种措施，如定期组织教学团队研讨会，鼓励教师进行教学创新，提供各种培训机会等。

（二）良好日语学习环境的营造

除了构建高质量日语教学团队，营造良好的日语学习环境也是提升日语教学质量的重要途径之一。在日语学习环境的营造方面，可以从以下几个方面进行改进和优化。

首先，建立完善的日语学习资源体系。这包括丰富的教学资料、课件、多媒体教学设备等，让学生在学习日语的过程中可以充分利用各种资源，以便更好地理解和掌握日语知识。同时，还可以利用网络和其他渠道，开设线上课程，让学生在任何时间、任何地点都可以进行学习。

其次，创建良好的日语学习氛围。学习氛围是影响学生学习效果的重要因素之一。为了营造良好的学习氛围，可以开展各种形式的日语活动和比赛，如日语演讲、日语歌唱比赛等，激发学生的学习兴趣和积极性。同时，还可以加强学习氛围的熏陶和引导，如创设日语角、设置日语学习板块等，让学生在学习中感受到浓厚的学习氛围。

最后，加强师生互动和沟通。教师应该积极主动地与学生交流，了解学生的学习情况和需求，根据学生的实际情况进行针对性的教学。此外，教师还应该建立起和学生的良好沟通和互动机制，让学生在学习中能够获得及时的反馈和指导。同时，学生也应该积极参与到日语学习中来，与教师保持良好的互动和沟通，共同推进日语教学质量的提升。

综上所述，营造良好的日语学习环境是提升日语教学质量的重要途径之一。通过建立完善的日语学习资源体系、创建良好的日语学习氛围以及加强师生互动和沟通，可以有效地提高学生的学习兴趣和学习效果，提升日语教学质量。

（三）社会和家长的支持

除了教师和学校的努力，社会和家长的支持也是提升日语课堂教学质量的重要途径。他们的支持和参与可以为学生提供更好的学习环境和更多的学习机会，从而进一步提高日语学习效果。

首先，社会的支持可以通过各种形式的赞助和支持来提升日语教学质量。比如，日语学习材料和设备的捐赠、日本留学奖学金的赞助，以及各类日语比赛和文化活动的支持等。这些活动和项目不仅可以帮助学生提高日语能力，还可以增强他们对日本文化和社会的认知和理解，从而提高他们的跨文化交际能力。同时，社会的赞助和支持也可以鼓励学生更加努力地学习日语，从而激发他们学习的动力。

其次，家长的支持也是提高日语课堂教学质量的重要因素。家长可以通过多种形式的参与和支持来帮助孩子学习日语。比如，家长可以陪同孩子参加日语课外活动，为他们提供日语学习材料和设备，鼓励他们参加日语考试和比赛，等等。此外，家长还可以积极与教师沟通，了解孩子的学习情况和需要，为孩子提供更好的学习支持和帮助。通过家长的支持和参与，孩子可以更加积极地学习日语，从而提高他们的学习效果。

总之，提升日语课堂教学质量需要多方面的努力和支持，包括教师和学校的努力、社会的赞助和支持，以及家长的参与和支持。只有这样，才能为学生提供更好的日语学习环境和更多的学习机会，进一步提高日语教育的质量和水平。另外，要想提升日语课堂教学的质量，还需要注重以下方面的补充：

高质量的教学资源是提升日语教学质量的重要保障。学校应该加强对日语教育的投入，完善教学资源，包括教材、课件、多媒体设备等，并提供实验室、自习室等多种教学场所，以满足学生多元化的学习需求。同时，还可以通过与日本大使馆、各类机构和社团的合作，为学生提供更多的实践机会和交流平台，让学生能够更好地融入日语学习和使用的环境中。

评价方式是指在日语课堂教学中，教师对学生的学习成果进行评价的方式。传统的评价方式主要以笔试为主，而随着教育观念的改变，评价方式也应向多元化方向发展。例如，可以采用小组讨论、口头报告、演讲、作品展示等多种形式，来考查学生的综合能力和语言运用能力，增强学生的学习动力和积极性，同时也能够更好地反映学生的实际水平。

每个学生的学习水平是不同的，因此日语教师应该注重学生的个性化差异，采用多样化的教学方式，以满足不同学生的学习需求。例如，对于语言能力强的学生，可以采用探究性教学法，让学生自己发现语言规律，强化语言思维能力；对于口语能力较差的学生，则可以采用模仿式教学法，让学生模仿语音、语调和语速，增强口语表达能力。

提升日语课堂教学的质量是高校日语教育的重要任务，需要从多个方面入手，不断完善教育教学体系，为学生提供更加优质的日语教育。

第三章　日语文化教学策略研究

第一节　日语教学中的文化导入

语言是人类在历史进程中，由不同种族、不同国家的人们共同形成的一种交流工具。在语言的形成和发展中，文化是一个非常重要的影响因素，同时也对语言的形式起着制约作用。不同文化通过语言传承和丰富自身的文化内涵，使得语言更加精确、严谨。为了学习一门外语并进行恰当的语言交流，我们需要正确理解和识别不同文化特有的语言和非语言行为，熟悉常用词汇的文化内涵，了解不同国家的背景文化，这样才能在语言交流中运用得当。

一、日语文化导入划分

在语言教学中，文化的导入因人而异。这种差异既有教育者对语言文化掌握程度的影响，也与语言、语义、语境背后的文化背景有关。在日语教学领域中，由于缺乏系统性的实验性研究，导入文化的方法多种多样，有些教师讲解过于笼统，而有些教师过于强调文化背景，影响了语言的教授。有些学者提出了四个方面的文化导入内容：一是与日语词汇相关的文化，二是与日语篇章相关的文化，三是日语具体交流中的文化，四是与日语语言无关但相关的文化。然而，这种划分方式并不清晰，同时交叉部分过多。

日语教学中，文化导入可分为词汇构成文化、语篇自身文化和语境使用文化三类。在这些方面，词汇构成的文化在不同的语境中存在差异，并且与特定地域的语言使用有关。随着外语教学手段的不断发展，日语教育界越来越关注语言和文化之间的紧密联系，在文化导入划分方面也会逐渐得到完善。

二、日语教学中文化导入的现状

虽然文化导入已经成为外语教学中一个重要的理念，但在日语教学中，尚未充分实践。虽然一些学校已经开始认识到文化导入在语言教学中的重要性，但是实际应用还有待进一步推广和完善。

（一）重视程度不够

传统的日语教学方法侧重于语法翻译，注重语法、语音和词汇等要素的教学，忽略了学生非语言交际能力、文化识别能力和跨文化交际能力的培养。这种教学方法忽视了语境和语用问题，导致学生在实际交际中难以准确地表达自己的意愿，甚至按照汉语的习惯来套用日语，导致交际障碍。因此，日语教学需要更加重视文化导入，以提高学生的交际能力和跨文化交际能力。

此外，大多数学校没有专门为学生开设关于日本文化的课程，很少讲授日本的风俗习惯、社会文化以及日常生活等方面的知识。虽然有的学校开设了一些课程，如日本社会文化论、日本概况等，但也只是简单地介绍一下日本文化，缺乏深入的探讨和分析。而且，文化课程的学时和学分设置非常有限，常常被忽视，因此，教师和学生对其重视程度较低。

（二）教学模式单一

日语教学中的教学模式对教学效果具有重要影响。传统的日语教学模式强调听、说、读、写、译等语言技能的训练，但忽略了文化导入的重要性。因此，学生在实际交际中缺乏恰当使用语言的能力，使用汉语式的日语，造成交际不协调的情况。虽然一些学生通过国际日本语能力一级考试，但仍在和日本人的交流中出现摩擦和误解。此外，在进行句型训练时，学生只是机械地套用句型和朗读，缺乏对相应的肢体语言和表情的讲解，导致学生所说的话和所做的动作不协调。

（三）教师对日本文化的了解不到位

除了教授语言技能，优秀的外语教师还需要掌握目的语国家的文化知识。然而，实际上很多日语教师的日本文化学习和研究远远不足。一些教师仅仅使用传统的教学方法来教授词汇、语法等知识，对于日本的历史、习俗、文化等知识了解甚少，不能灵活地将其导入日语教学中。而且，有些教师从未去过日本，或者即使去过但没有在那里生活过，因此对日本文化的了解非常有限，只能停留在表面的印象上。有些教师甚至连我们国家的传统文化也不太熟悉，缺乏深厚的文化底蕴，更不用说熟悉日本文化了。如果教师只是传授语言技能，而不能进行中日文化异同的比较和解析，那么学生自然对日本文化一知半解。因此，只有熟悉日本文化的教师才能更好地开展日语教学，使学生既掌握语言技能，又精通日本文化，成为实用型的人才。

三、日语教学中文化导入的迫切性

随着中日两国之间的交流越来越频繁，培养精通日语并具有跨文化交际能力的人才对于国家来说至关重要。由于中日两国的语言体系和文化类型存在较大的差异，如果在日语教学中不注重文化方面的讲解，那么已经养成了汉语思维模式的大学生极有可能会发生误解。因此，评价日语专业学生是否学习优秀不能仅看其日语知识的掌握程度，还要考查他们是否掌握了日本的文化知识。在与日本人交往时，如果学生没有充分了解日本文化，就难以在恰当的场合使用合适的日语进行交流，有时还会使用汉语式的日语，甚至无意识地用中国的文化标准来衡量日本的文化，导致交流出现问题。这表明，如果在大学日语教学中只注重语法、词汇等基础语言知识的讲解，而忽视文化导入，那么将无法培养出高素质的日语人才。因此，在大学日语教学中要注重文化导入，向学生讲授日本的思维模式、风土人情和社会文化，提高日语教学的趣味性，让学生了解日语的文化内涵，增强他们的跨文化交际能力，只有这样，才能真正实现日语教学的目标。

第二节　日语文化教学的内容与方法

一、日语文化教学的内容

在进行文化教学时，教师应注重培养学生的文化意识和跨文化交际能力。教学内容包括言语文化、非言语文化和交际文化，这适用于不同语言和同一文化不同层面的研究。通过对比研究两种不同文化，教师可以让学生更深入地认识和理解文化差异，从而学会对目的语文化持宽容态度并处理好文化差异，达到实现真正意义的跨文化交际的目的。

（一）言语文化

通常，言语文化的研究可以从三个方面进行，即与语音相关的文化内容、与词汇相关的文化内容、与语法相关的文化内容。

1. 与语音相关的文化内容

即使是同一语言在不同地区或国家也会有差异，这些差异可以反映说话人的文化背景。语音除了可以表现说话人的性别、地域特征，还可以反映说话人的社会地位等。要全面了解一种语言的语音系统，应该从它的音系开始研究，包括元音、辅音和声调等。声调是依附于音节的超音段成分，其主要构成因素是音高，即整个音节的音高变化形式。汉语的声调包括高、低、轻、重四种类型，而日语的声调只有高、低两种类型。另外，现代东京话的声调以拍为单位，各拍之间存在相对的高低差异，与汉语不同，汉语的声调是在同一音节内部变化。汉语的声调自中古时代就成为词的音位成分，能够区分不同的意义，而日语的声调则不影响词义。因此，在比较汉语和日语的语音差异时，不应该只关注声调。此外，日语中汉字词的音读主要分为吴音和汉音两种，它们传入日本的时间和地点也有所不同。

一般认为，吴音是在 5—6 世纪从中国南朝传入的汉字音，主要源自中国南方的语音；而汉音是在 8—9 世纪从中国唐朝传入的汉字音，主要是由遣唐使从唐朝首都长安带回的语音。虽然吴音和汉音是两种不同的语音系统，但它们在音系上是相似的，只是在与汉字的对应上存在一些差别。因此，在比较汉语和日语的音系时，不应将日语汉字词的吴音和汉音与汉语分开进行比较。日本的音系部分传承了中国的音系，因此汉语和日语不仅在语义上有共同点，而且在文化内涵方面也有一定的相似性。

2. 与词汇相关的文化内容

词汇是语言构成的要素之一，它承载着丰富的文化内涵，特别是存在于不同文化环境中的语言词汇。因此，研究这些词汇所包含的文化内涵对语言学习具有非常重要的意义。以"猴子"为例，日语和汉语中关于"猴"的成语和谚语虽然在表述方式上有所不同，但它们所表达的意义是完全一致的。比如，日语中的"猿に木のげり"，原本指教会爬树的猴子攀爬树木。但是，这是一项毫无意义的任务，因为猴子天生就擅长攀爬树木，这种教育毫无用处。相比之下，汉语的"猴子捞月"则讲述了一群猴子看到井中的月影，误以为月亮掉进了井里，于是尝试用手抓住月亮。最终，它们都掉进了井里。这个故事告诫人们在面对问题时应该认真思考，不要盲目行动，不要像猴子一样脑子空空，自以为聪明，最终只会徒劳无功。以上这则例子表明了词汇与文化之间具有密切的联系，并强调了文化内涵对于语言学习的重要性。

3. 与语法相关的文化内容

语法是揭示语言构成规律的重要工具，而文化背景的差异会导致语言表达方式的不同。语法也能反映出不同民族的思维方式。因此，在学习日语时，需要理解日语语法所蕴含的文化内涵和思维方式。对于学习者来说，语法是掌握语言的手段，而不是学习的目的。相反地，对于母语说话者，思考语法则是一种探索和梳理语言结构的工作，可以成为目的。因此，在考虑教授语法时，母语说话者需要注意自己的思考角度是否与学习者一致。学习者需要理解日本文化背景和连贯性思维，才能更好地学好日语语法。此外，日语语法的体系是动态变化的，需要持续不断地学习和掌握。

（二）非言语文化

除了言语行为之外，非言语交际还包括其他由交际者和环境产生的刺激。这些刺激具有潜在的信息价值或意义，一旦被感知就会产生交际意义。非言语交际不仅包括手势、表情等身体语言，还包括不同文化对时间、空间、色彩等的看法，以及在听觉、嗅觉、视觉、触觉等感官方面的差异。在交际过程中，非言语交际起着重要的作用，有效地辅助言语行为的实施，有时甚至胜过言语。日语文化教学应该包括与非言语交际相关的文化内容。

1. 举止神态

举止神态是指人的身体语言和动作，包括但不限于姿势、手势、面部表情等。在非言语交际中，举止神态的作用十分重要，它可以传递信息、表达情感，甚至在某些情况下比言语更具有说服力。举止神态可以分为面部表情、手势和姿势三个方面，它们都是非常重要的交际工具。

（1）面部表情

面部表情是人内心情感的一种自然表现形式，也是人们传递和分析他人情感的主要途径。在交际中，人们往往通过对方的面部表情来判断其真实情感和意图。由于不同文化对于情感流露的理解不同，因此如何运用面部表情也存在着文化差异。在日本文化中，人们普遍认为在公共场合克制自己强烈情感的流露是一种成熟的表现。

微笑是一种常见的面部表情，也是一种易引起跨文化交际误解的表情。尽管微笑通常表示快乐和友好，但在亚洲文化中，微笑还有其他一些含义，如害羞、尴尬、生气、抱歉、拒绝等。而日本人还经常用微笑来掩盖内心的痛苦，这种非语言交流方式对欧美人来说可能会很陌生。

（2）手势

手势是人们在交际中常用的身体语言，尽管许多手势的动作是普遍的，但是它们所代表的含义因文化而异。一些手势在某种文化中可能是积极的、有趣的、无害的动作，但在另一种文化中可能是消极的、无礼的，甚至是冒犯性的，这容易在跨文化交际中引起误解和冲突。这也反映了非语言交际符号和它们所代表的含义之间的任意性。

（3）姿势

姿势是人体的一种动态表现形式，包括站立、坐着、躺着、跪着等各种动作。在交际中，姿势也是人们用来传递信息的一种方式。不同的姿势所传递的信息不同，人们通常可以透过姿势来判断一个人的性格、文化背景和修养水平。然而，姿势的得体性因文化差异而异，不同文化之间的姿势也具有不同的文化内涵。

日本人以行鞠躬礼闻名，鞠躬不仅是日本人打招呼的一种方式，还彰显了他们对等级、社会地位和正式礼仪的高度重视。因此，对于尊者的鞠躬姿势越低，就越能显示出尊重。低级别的人必须先行鞠躬，并且要比高级别的人鞠躬更低、更长时间。如果双方地位相等，则应该有相同深度和时长的鞠躬。

坐姿也是举止神态中的一部分，不同文化对于坐姿的偏好也存在差异。在大多数国家，人们习惯于坐在椅子上进行交流，但在阿拉伯文化中，人们更倾向于在地上坐着交谈，而日本人则有在"榻榻米"上聊天和用餐的传统。因此，了解不同文化中举止神态的差异并适应它们是进行跨文化交际的关键。

2. 副语言

副语言是指伴随语言使用的一系列非语言交流方式，包括语调、音量、重音、语速、停顿等声音特征，以及面部表情、手势、姿态、眼神等肢体语言和非语言声音，它们共同表达了说话者的思想、情感和态度。掌握副语言的技能可以更好地理解和交流，因为它能够帮助我们解读和理解语言以外的信息。

3. 环境语

环境语是指文化所造成的生理和心理环境，包括时间、空间、颜色、声音、信号和建筑等。这些环境因素都能为交际提供信息，因此环境语也能展示文化特性。以时间为例，不同文化中的人们对时间的看法不同，从而影响了他们的时间行为。在人类的时间观念中，存在两种文化模式：单一性时间模式和多样性时间模式。单一性时间模式强调严格遵守日程安排，即必须按计划完成任务，不得延误或改变，时间被视为一种宝贵的资源。而多样性时间模式更加灵活，时间观念相对较弱，人们不太注重时间安排，可能会将一项工作延长或缩短，或同时处理多个任务，这取决于当事人或管事人的意愿。

4.近体距离

人们在交流时与他人保持的空间距离以及空间组织方式被称为近体距离。根据交流的种类和性质的不同，这种距离可以分为四种类型：私密距离、个人距离、社交距离和公共距离。

（1）私密距离

私密距离指人与人之间在交流时保持的空间距离，这种距离既可以是亲密关系下的近距离，如夫妻之间、好友之间，也可以是一定距离以内的较为密切的关系距离，通常保持在46厘米以内。

（2）个人距离

个人距离是指人们在谈话交流中保持的距离范围，通常在46厘米到120厘米。在这个距离范围内，人们可以进行各种非语言交际行为，如握手或者牵手等。

（3）社会距离

社会距离是指人与人之间保持的距离，其范围一般在120厘米到360厘米。通常情况下，社会距离被认为是与他人保持一定距离的标准，这个距离通常是人的手臂可以够到的范围。在正式的公务、商业或社交活动中，人们通常会在这个距离范围内交流。

（4）公众距离

在交际文化中，公众距离通常指的是与陌生人或是在正式场合下的距离，通常保持在360厘米以外，以避免不必要的冲突或误解。在某些场合下，如教学、商业谈判等需要保持这种距离，以保持一定的权威性和客观性。这种距离通常不会产生非语言交流。

综合以上内容可知，教师在非语言交际的教学中需要注意以下几点：首先，同一种行为在不同的文化中所代表的含义是不同的；其次，相同的含义在不同的文化中所表现出来的行为也是不同的；最后，有些动作是某种文化独有的。

（三）交际文化

交际文化的方方面面都很重要，包括称谓、问候、告别、道谢、答谢、恭维、赞美、委婉语等。在不同的语言文化中，使用人称代词的方式也有所不同。例如，在日本，人们在称呼别人时，会根据社会关系和对方的职业、社会地位来选择相应的词汇。对于初次见面的陌生人，如果不知道对方的姓名和身份，很难进行交流，因为不知道应该如何称呼对方。因此，日本人特别注重一见面就交换名片，以此来了解对方的身份和姓名，从而使用适当的称呼和指代，既不失礼也不丢面子。

二、日语文化教学的方法

日语文化教学的方法受到多重影响，包括教学目标、教学内容以及其自身的特殊性。以下是常见的日语文化教学方法：

（一）直接导入法

直接导入法是指在语言教学中，教师直接向学生介绍语言文化背景知识的教学方法，它是最简单、易于实施的文化教学法之一。在中国，学生主要在课堂上学习日语，离开课堂后，他们很少接触日语。因此，当他们遇到与教材相关的文化背景知识时，往往感到陌生，难以理解。因此，教师应该在教学中充分发挥自己的主导作用，向学生直接介绍相关的文化背景知识。为此，教师在备课时可以精心选择与教学相关、典型的文化信息材料，将它们巧妙地应用到课堂上，以增强教学的知识性和趣味性，加深学习内容的广度和深度，同时激发学生的求知欲，活跃课堂氛围，使日语教学更加顺利地展开。

（二）文化旁白

文化旁白是注解法的一种方便形式，也是传授社会文化知识的常见方法之一，特别是在课堂上。它指的是在进行语言教学时，教师针对所读或所听的材料中涉及的文化背景知识，及时插入一些简短的介绍和讨论。这种方法相对容易实施，是教师在日语教学中经常使用的方法之一。

通常情况下，教材中选用的文章都具有一定的文化背景，其中一些是作者的背景，一些是内容的背景，而另一些则是时代的背景。这些教材所涉及的内容往往包括国家政治、经济、文化、宗教、建筑、地理、工业、农业等众多方面，具有丰富的信息，能够生动地展现不同国家文化之间的差异，因此具有较高的可读性。

为了提高学生的语言综合运用能力，教师在备课和上课时需要注重文化知识的渗透，使日语课程不仅限于简单的语言交流。通过这种方式，教师可以提高学生在教育观、文学修养、价值观、社会生活以及风俗习惯等方面的跨文化意识，帮助学生消除部分语言认知障碍。在这种教学方法中，教师可以充当讲解员，也可以借助图片、实物教具或多媒体课件等进行讲解，以帮助学生更好地理解所读或所听的内容。这种方法具有机动灵活、用途广泛、使用时间长等优点，但其缺点在于需要教师具备较高的语言与文化驾驭能力，同时存在较大的随机性。

（三）词汇渗透文化法

在学习日语的过程中，词汇非常重要。尽管一般认为词汇只需记忆即可，但对于大多数日语学习者，尤其是那些基础较差的学生来说，词汇记忆并不容易。作为一名日语教师，除了教授学生记忆规则，还可以适当地介绍词汇的文化内涵，以激发学生的学习兴趣。这样，学生不仅能够欣赏文化，而且能够在不知不觉中深入理解和记忆相关的词汇。此外，一些常用的日语俗语也是日语学习的重要内容，因为这些俗语往往承载着丰富的文化知识，并体现了很大的文化差异。如果没有相关的文化背景知识，就很难正确地理解和应用这些俗语。因此，在日语词汇教学中融入文化因素可以帮助学生打下坚实的基础，以便更好地进行深层次的学习。

（四）对比分析法

对比分析法是跨文化研究和第二语言教学中的主要方法。在文化教学中，对比分析法也是一种常用的方法。教师可以在教授日语文化的同时，将两种不同的文化进行对比，以提高学生对汉语文化和日语文化差异和相关性的认识，从而加深他们对两种文化的理解。对比的目的在于让学生发现本国文化与目的语文化之间的异同，正确区分知识文化因素和交际文化因素。在使用这种方法时，对比不能仅限于表层形式的对比，还应该进行深层内涵的对比；不仅要进行语言形式和意义的对比，还要有非语言形式和意义的对比；不仅要做语言、非语言形式与意义的对比，还要做语言交际行为的形式和意义的对比等。

（五）学习和鉴赏外国文学作品

学习和鉴赏外国文学作品指的是在教师的引导下，对文学作品进行多方面的剖析，探索作品中的情感描写以及不同文化背景下人物之间的交流和文化冲突。在中国目前的日语教学中，大多数学生了解日本文化还是通过间接阅读相关材料，如小说、报纸、杂志等途径。但是，许多学生在阅读文学作品时，往往只是为了追求情节或扩展词汇量，而忽略了文学作品所反映的文化方面的细节，如风俗习惯、文化差异等。因此，教师应正确指导学生阅读文学作品，引导学生在阅读过程中关注和积累相关的文化背景知识，并适当进行文化分析和对比，从而有效地增加学生的文化背景知识。

（六）利用日文电影提高跨文化意识

电影是一种文化载体，也是展示国家和民族文化最直接、最生动的方式之一。好的日语电影不仅能够激发学生的学习兴趣，还能够提供真实的语言环境，让学生了解日本的生活方式、社会文化习俗和礼仪、思维方式、人文精神和价值观。通过接触和了解日本文化，学生能够更好地学习和使用日语，树立正确的人生观和价值观，并培养欣赏和包容不同文化的态度，提高跨文化交际能力，实现日语教学的最终目标。此外，电影中的经典台词和故事情节也能够帮助学生领悟人生的真谛，是素质教育的重要内容，也有助于实现在课堂上进行人文教育的目标。然而，要想真正实现电影在教学中的作用，需要遵循一些教学技巧。

1. 精心选材

虽然日文电影对于日语教学有很大的促进作用，因为其内容丰富多样，是一种非常有价值的教学资源。然而，由于电影数量众多，质量良莠不齐，而且课堂时间有限，所以教师需要根据学生的实际水平和兴趣爱好，选择适合他们的影片来进行教学。此外，电影的内容应该是健康的，对白和发音清晰地道，语速适中，选择适当的字幕方式，最好能够为每位学生提供影片副本，以便他们在课后反复观看和学习。

2. 合理利用有限课时

鉴于日文电影通常有较长的时长，平均约为两个小时，因此在课堂教学中很难完整播放整部电影。教师需要根据实际情况合理利用有限的课堂时间，选择片段作为教学内容，以活跃课堂气氛，同时，采用多样化的教学方法，确保教学的趣味性和有效性。对于第二课堂的电影赏析，教师应当精心选择适合大学生学习和生活的影片，并完整播放并讲解，这对教师有更高的要求。对于其他推荐影片，教师可以鼓励学生组成小组，在课下互相合作，共同完成学习某部电影的任务。在考虑教学内容和学生实际水平和兴趣的基础上，教师可以精心策划、设计教学方案，有效利用日文电影这一教学资源。

3. 优化教学设计

在日语课堂上播放日文电影片段可以为学生提供特定场景和语境，帮助学生更快地理解和掌握课文内容，激发学生的求知欲望。因此，越来越多的大学日语教师使用日文电影赏析作为多媒体教学的手段之一。然而，一些教师在教学过程中的安排较为随意，缺乏充分的课前准备，没有设计相关活动，并且在课后也没有进行跟踪评价。这种做法将日文电影的播放变成了没有备课的替代品，导致教学效果不佳。因此，在使用电影教学和其他教学辅助手段时，教师需要适当地利用和恰当地处理。教师应该精心准备每部电影，包括背景知识介绍、人物特点分析、经典对白和话题讨论等，并组织相配套的比赛，如模仿、人物配音、角色扮演和创造性续写等，以提高教学效果。

在进行文化教学导入时，教师需要根据文章主题精选适合的日文电影，以便将文化背景与主题相结合，向学生传授日本相应的文化知识。通过对该主题的系统、深入介绍以及剖析影片中的思想和人物，教师可以丰富本单元的素材，并为学生进行直观、生动、形象的介绍，从而加深学生对主题的理解。此外，通过体会影片中涉及的情感、道德观和生活观，学生可以加深对中日两国人民的感性认识，增强跨文化交际能力，提高学生的语言运用能力。

第三节　日本礼仪教育与日语教学

一、日本家庭中的礼仪教育

自古以来，人们一直关注家庭教育问题，因为它对于儿童的身心健康发展至关重要。宋庆龄在1964年的《工人日报》"怎样教育我们的子女"专题讨论中提到，孩子们的性格和才能在很大程度上受到家庭、父母尤其是母亲的影响。当孩子长大成人后，社会和学校成为锻炼他们的环境，但是家庭是留下不可磨灭印记的关键。在这方面，礼仪教育是培养孩子修养和素质的至关重要的一部分。在日本，家庭礼仪教育贯穿生活的各个方面，从孩子会说话起就开始注重家庭语言和行为方面的礼仪教育。

教育孩子尊重和谦让是进行礼仪教育的核心。在日本，人们常说"孩子是看着父母的背影成长的"，这体现了他们对"身教"的看重。日本父母注重在日常生活中通过自身的行为对孩子进行礼仪教育，规范孩子的行为。日本家庭的礼仪教育也体现在餐桌礼仪上。从孩子很小的时候，日本父母就会向孩子讲解餐桌上的礼仪，让孩子在家里就能熟练掌握正确的用餐礼仪。另外，日本人有喝酒斟酒的礼仪习惯，夫妻俩即使在家中饮酒也不会自顾自地喝酒，而是礼貌地为对方斟酒。在这种环境中成长的孩子，自然而然地将这些礼仪标准融入自己的行为准则中，走向社会后也会以正确的礼仪行为规范自己的生活。

在日本家庭中，通过语言进行礼仪教育的例子数不胜数。家庭成员都有一套约定俗成的礼仪和规范，例如每次离家或回家都要说出特定的话语，以示尊重和关注。家庭是社会的基本单位和细胞，家庭教育作为教育活动的一个重要组成部分，在一个人的成长过程中扮演着终身教育的角色，同时也是学校教育的基础。

二、日本学校里的礼仪教育

学校教育是家庭教育的延续和深化，对于大多数孩子来说，幼儿园是他们第一个接触到的教育机构。在上幼儿园时，孩子们就开始接受正规的礼仪教育。幼儿园的教师作为教育者，自觉地率先垂范，他们的行为和意识直接影响着孩子的社交。在日本幼儿园中，教师不仅是礼仪教育的传授者，更是礼仪教育的实践者。

在平时，教师会要求孩子们将脱下的鞋子鞋头朝外整齐地排列在门口，穿着袜子走在木地板上。即使带着孩子们外出玩耍，在回屋时，教师会自觉地率先把脱下的鞋子鞋头朝外整齐地排列在门口，然后静静地站在一旁微笑着等候孩子们。孩子们每天都在这样一堂堂生动的礼仪教育课上规范自己的行为。

每天早上，人们可以看到日本妈妈们带着孩子有序地排队进入幼儿园，领着孩子走到教师面前，一同向教师行礼并道声早安。教师领过孩子后，一同向家长告别。晚上也以同样的方式与教师道谢、道别。在家长和幼儿园教师的共同努力下，日本孩子在入学之前就已经掌握了基本的礼仪和礼貌。

日本学校从小学开始就开设道德课，由教师灌输道德、礼仪规范以及如何处世的知识，教授的内容主要是孔孟之道。课本素材多为我国古代诸子百家的思想，强调"己所不欲，勿施于人"。教师会通过身边的小事教导学生，告诉他们要有开阔的心胸，待人宽容，在人际交往中做到尊重他人、平等相待、不给别人添麻烦。

此外，日本学校的礼仪教育也非常重要，强调"尊师重教"。在校园中，学生遇见教师都会鞠躬行礼，不与教师打招呼被视为严重缺乏礼仪、不懂礼仪的行为。如果学生发生这种情况，学校会进行警告，多次发生会影响其学习成绩，甚至被认为是不良行为，可能会被开除。

学校作为教育的主要场所，其重要作用在于推动学生健康成长，而学校教育是学生教育的重要环节之一。一些简单的礼仪课程可能对学生的吸引力不强。因此，教师可以改变教学内容，不仅限于传授基本礼仪，还可以引导学生了解不同国家的礼仪差异。例如，以餐桌礼仪为例，教师可以讲解两个国家的礼仪的不同之处，让学生感受到在不同的文化环境中，同样的礼仪可能代表着不同的意义。对于商务日语专业的学生而言，理解商务礼仪的重要性尤为关键，因为他们未来很可能需要与日本人接触和交流。此外，教师还可以解释礼仪的历史渊源和文化背景，让学生更深层次地了解礼仪，使礼仪课程更加生动有趣。

三、日本社会上的礼仪教育

在日本，人们从家庭和学校的礼仪教育中自然而然地吸收了各种信息，形成了鞠躬礼仪的细致规范。他们知道在何种情况下向谁鞠躬，如何鞠躬，以及鞠躬的深浅程度。在街头巷尾，可以看到日本人经常点头、鞠躬，表达感谢之情。例如，购物者会向售货员点头致谢，售货员则会向购物者鞠躬致谢。因此，人们常开玩笑说，不用听声音，只要远远看一眼就能分辨出哪些人是日本人，因为他们总是在点头、鞠躬。

在日本，我们不会看到"不准乱扔垃圾"的告示语或者公交车上的"不准大声喧哗"的告示语。日本人会按照国家规定自觉分类垃圾。垃圾分类在日本非常细致，大致分为可燃垃圾、不可燃垃圾、资源性垃圾、粗大垃圾等几类，并且每类垃圾还被细分为多个子类别。每户家庭的墙上都会贴着垃圾回收的时间表，每个家庭都会按照时间表自觉将分类好的垃圾送到指定位置。

在日本，企业承担了礼仪教育的重要任务。为了确保员工的仪表端庄、行为合规，大多数企业都制定了一套详细的礼仪培训标准，对新员工进行教育和培训。此外，日本企业还注重培养员工正确的着装和仪表打扮，认为这对于工作的顺利开展和公司形象的塑造至关重要。由于受到儒家文化的影响，日本企业的管理者也借鉴了"礼""教"思想来指导员工的行为，打造了和谐有序的企业文化。除了企业，日本社会中各个方面都注重礼仪教育的传承和深化，社会教育也成为礼仪文化的重要组成部分。

第四章 日语口语教学策略研究

在日语学习中，口语技能是至关重要的一个方面。本章首先介绍了口语学习的基础知识，其次探讨了如何通过有效的原则和方法来提高日语口语水平，最后从跨文化交际的角度分析了适用于日语口语教学的策略。

第一节 口语教学概述

一、口语教学的内容和模式

（一）口语教学的内容

口语教学是以提升学生口头交流能力为目的的教学形式，其内容涵盖语音训练、词汇和语法、会话技巧等方面，下面就教学内容做如下阐述：

1. 语音训练

在口语教学中，正确的语音和语调是必不可少的内容。它包括音节、重读、弱读、连读、意群、停顿等方面的训练。因为发音错误或语调不当会给交际造成困难，甚至导致听者难以理解。不同的语调可能会传递完全不同的意思，有时甚至相差甚远。因此，在口语教学中，正确的语音和语调训练应是首要内容。

2. 词汇和语法

为了准确地表达意思，一个句子必须使用适当的词汇和正确的语法。如果缺乏必要的词汇，说话者往往无法清楚地表达自己的思想；如果缺乏必要的语法知识，说话者容易语无伦次。因此，在口语教学中，必须包括词汇和语法教学。

3. 会话技巧

语言学习的目的在于实现有效的交际。为了达到这个目的，掌握会话技巧至关重要。会话技巧包括：

①解释：当听者无法理解说话者的意思或者说话者无法找到合适的表达方式时，可以采用同义词或其他解释性语言进行补充说明。

②回避：当遇到难以表达的话语时，说话者可以选择自己熟悉的表述方式，避免使用生疏的词语和表达方式，以保证口语交流的顺利进行。

③转码：当遇到无法解释的话语又无法回避时，说话者可以适当地使用其他语言，如自己的母语。

④析疑：当听者未能听清对方的意思时，听者可以使用多种方式询问对方的含义，以保证会话的顺畅进行。析疑技巧是防止会话中断的必要手段。

（二）口语教学的模式

下面介绍四种常见的口语教学模式，包括一般模式、3P 模式、任务型教学模式和 Let's 教学模式。我们将重点论述各模式的教学步骤，这些模式是随着口语教学的发展应运而生的，因此具有代表性。

1. 一般模式

口语教学一般分为四个阶段，即引导阶段、任务布置阶段、任务执行阶段和结果检查阶段。

在引导阶段，教师可以采用多种形式让学生接触语言素材，如阅读资料、观看实物和影像等。无论形式和内容如何，目的都是为学生提供情境和背景信息，为后续的任务执行做好准备。

任务布置阶段是为了明确学生的口语目标、制订方案和组织活动。虽然过程很短暂，但为任务执行阶段的顺利进行打下基础。

任务执行阶段是整个口语教学的重点。教师应尽可能保持沉默，不打扰学生说话，让学生自主练习口语。重要的是让学生开口说话，而不是仅仅关注他们说了多少或说对了几句。同时，教师也需要控制好活动时间，使其占整个活动时间的 80%。

结果检查阶段主要是教师对学生的任务完成情况进行总结和评估。这一阶段的目的是及时发现问题，提出建议，以提高口语教学的效果。需要注意的是，改进的重点应该放在提高学生的语言表达能力上，而非简单的纠错。

2. 3P 模式

在语言教学中，通常采用演示（presentation）、操练（practice）和成果（production）三个阶段的教学模式，简称 3P 模式。这种模式的目标是强化语言知识和技能，提高语用能力，注重语言的准确性和流利性。

在演示阶段，教师会通过解释、示范、举例和角色扮演等方式向学生介绍新的语言项目，包括语法、句法、会话技巧和功能等。教师会把新内容放在有意义的语境中呈现，避免脱离上下文孤立地呈现句子或语法规则。在这个阶段，教师需要集中学生的注意力，并确保他们理解新的语言点。同时，教师需要确定课堂的教学目标和教学内容，以便为后续的操练和成果阶段做好准备。

在操练阶段，教师会为学生提供各种机会，让学生采取句型操练等多种形式展示内容，练习的程度由易到难，逐步加深。教师对活动的引导由控制到半控制，逐步增强学生的自主性。这种有控制的操练的目的是提高学生使用语言的准确度和流利度。

在成果阶段，教师会给学生提供机会将其新学到的语言知识和交际技能融入已有的知识之中进行综合使用，以达到学生可以在自己语言能力范围内自由地运用语言进行交际的目的。这个阶段可以增强学生的成就感，使他们对口语学习产生浓厚的兴趣。教师应该注重实用性和可操作性，使学生能够真正运用所学语言进行交际。

虽然这种教学模式受到广泛认可，但一些人对于这种模式持否定态度，认为三个阶段之间存在的内在逻辑性不够清晰，而且该模式过度强调准确性，大大限制了学生广泛接触目的语的机会。同时，缺乏有意义的语言运用，无法实现真正的交际。因此，教师需要灵活运用这种教学模式，并结合具体情况进行调整，以达到最佳的教学效果。

3. 任务型教学模式

任务型教学模式是一种重视学生实践操作和探究的教学模式，主要包括呈现任务、实施任务、汇报任务和评价任务四个步骤。

在呈现任务阶段，教师应结合学生的生活或学习经验，创设有主题的情境，激发学生的好奇心和学习动机。同时，教师需要先引导学生掌握任务所必需的语言知识和技能，为后续的任务实施打下基础。

在实施任务阶段，学生可以采用结对子或小组自由组合的形式，或者教师设计多个小任务构成任务链来完成任务。这种形式可以让所有学生都有练习口语的机会，并在与同伴的交流中促进学生认知的发展，培养学生互助合作的精神。教师应及时监督、指导，并根据学生掌握新知识的程度随时调整教学策略，以保证任务完成的质量。

在汇报任务阶段，各小组会派出代表向全班报告任务完成情况。教师可以指定代表或由小组成员推选。在学生汇报任务时，教师应该给予一定的指导和适当的帮助，让学生汇报得准确、自然。

在评价任务阶段，教师应与全班一起评价任务，指出各组的优缺点，评出最佳小组，让学生体验成功的喜悦。教师应该引导学生如何正确评价自己和他人，对于表现好的小组给予鼓励和奖励，调动学习积极性，增强小组竞争意识，促进学生不断进步。

4. Let's 教学模式

Let's 教学模式通常包含以下四个基本步骤：首先激活旧知，并将其有效地引入当前的学习中，以便学生能够更好地理解和掌握新的知识；其次，创造情境，探索新的知识，并将其应用到实际情境中；再次，聚焦难点，进行深入的加工和处理，以便学生能够更好地理解和掌握难点；最后，深入探究，并与他人交流，共同发现新的知识，以便学生能够更好地理解和应用所学的知识。

（1）激活旧知，有效导入

科学的新课导入方法可以将学生引入新的知识情境中，从而唤起他们对所要学习的知识的认知需求，迅速吸引学生的注意力，激发他们的学习兴趣和求知欲望，促使他们主动去探索和学习，有效地提高外语课堂教学的效果。在课堂教学中，教师可以使用多种方法进行新课导入，如直观导入法、话题导入法、复习导入法、游戏导入法、歌曲导入法等，让学生能够更好地理解和掌握新的知识。

（2）创设情境，探索新知

要激发学生的思维，必须从实际情境出发。在这个过程中，教师和学生一起探索和发现新的知识，主要运用文本材料，如听力和对话部分，将两个教学内容整合在一起，串成一个线索，可以是某个话题、场景、人物或地点。在这个过程中，设计多样化的活动形式非常重要，可以让学生积极参与其中。如何训练学生的听力和口语能力，激发他们的主动性呢？在设计活动的过程中，应遵循以下三个原则：联系学生的实际生活，保证时效性；结合学生的实际生活，保证真实性；实现学生的实践和交流，保证实用性。

（3）聚焦难点，处理加工

聚焦难点，处理加工是指抓住课程的重点和难点内容，对输入的有效信息进行个性化处理和加工。在教学中，突出重点、突破难点是提高课堂教学效率的一个重要原则。教师在组织课堂教学时需要注重方法的实用性和巧妙性。良好的方法可以帮助学生快速有效地理解和掌握所学知识，更好地发挥他们的天赋才能。

在这个环节，教师可以采用列表对比法、练习归纳法、游戏活动法、多媒体辅助法等不同的方法，根据学生的不同需求进行个性化教学。

（4）深入探究，交流发现

外语教学的目标是培养学生终身学习的能力。为了实现这个目标，课程标准要求教师在教学中提供学生自主学习和相互交流的机会，并通过体验、实践、探究和合作等方式鼓励学生发展综合语言能力。为了满足这些要求，教师需要在外语课堂中设计拓展和延伸活动，以帮助学生更好地学习外语知识和提高实际语言运用能力。在设计这些活动时，教师应以学生的兴趣和经验为出发点，以本课所学知识为基础，选择真实的内容和方式，以提高学生的参与度和积极性。在外语课堂中，常用的拓展和延伸形式包括列举、调查、采访、讨论、表演、辩论等。这些形式可以帮助学生积累语言素材，拓宽视野，并提高语言交际能力。

二、影响口语教学的因素分析

口语教学是一个复杂的过程，受到多种因素的影响。教师需要针对学生的不同情况，采用不同的教学策略和方法。为了提高口语教学效果，需要考虑以下几个方面。首先，教师应该根据学生的语言水平、学习动机、学习风格和学习背景等因素，制订合理的教学计划。其次，教师需要注重口语教学方法和技巧的多样性和灵活性，灵活运用教学资源，为学生提供丰富的语言输入和输出机会，包括口语练习、交流和讨论等活动形式。再次，教师应该及时对学生的语言表达进行纠正和指导，帮助学生发现并克服语言问题，提高口语表达能力。最后，教师需要不断地评估和反思自己的教学过程，发现问题并加以改进，以提高口语教学效果。

（一）教师自身的素质

教师的素质对口语教学的质量起着至关重要的作用。除了较高的语言素养和发音能力外，教师还应具有多样的教学方法，以丰富教学内容和形式，激发学生的学习热情和兴趣。此外，教师还应注重个人职业发展和专业能力提升，通过参加教师培训、学术研讨等活动，不断提高自己的专业素养和教学水平，以提供更加优质的教育服务。通过不断的学习和探索，教师能够有效地提高口语教学质量，让学生真正掌握外语口语能力。

（二）准确与流利的平衡

在口语教学中，教师需要重视准确性和流利性的平衡，因为这两个方面都是语言交际的重要目标。只注重准确性可能会使学生变得过于追求语音和语法的准确性而忽略流利性和交际能力，而只注重流利性则可能导致学生忽视语音和语法的准确性，影响日后的交际能力。因此，教师需要在课堂上通过示范、练习和评价等方式，引导学生平衡准确性和流利性的重要性。教师可以播放外语录音，并对学生进行模仿和纠正，让学生体会准确而流利的语言表达是真正学好口语的关键。同时，教师可以通过多样化的口语活动和任务，培养学生的交际能力和语感，使学生能够自然地、流利地运用所学语言进行交流。

（三）课堂气氛的营造

教师可以通过创造积极的课堂氛围来激发学生的主动性和表达欲望，使其更加自信地使用外语进行交流。在课堂中，教师应该采用多样化的教学方法和活动形式，鼓励学生参与课堂讨论和互动。同时，教师还需要注重学生的情感需求，给予充分的支持和鼓励，帮助学生克服紧张和害怕的情绪，更好地进行语言表达。一种轻松自由、富有创造性和鼓励性的课堂氛围可以提高学生的学习兴趣和自主学习能力，促进其全面发展。

（四）教学观念的影响

目前，传统的语言教学仍然过于注重语法的讲解，以及阅读、背诵、默写等机械性的学习方式。部分教师担忧口语训练会对笔试成绩产生影响，因此忽视教材中的口语活动。这种做法导致学生出现"结巴"的语言学习现象，严重影响了外语人才的培养和外语教学质量，也不利于学生未来的发展。因此，我们需要加强口语教学，使其成为语言教学的重要组成部分，从而更好地促进学生的全面发展。

（五）过度的纠错

在口语教学过程中，教师应根据学生语言错误的严重程度来决定是否进行纠错。如果错误不会影响意思表达，教师可以不立即进行纠正，因为干预可能会中断学生的思考过程。过度的纠正可能会伤害学生的自尊心，因此在口语教学中，学生应以意思表达为主，同时兼顾语言形式的正确性。

三、口语教学的原则和方法

（一）口语教学的原则

口语教学的目标是训练学生的语言转换能力，让他们通过听、读获取信息，对其进行重组并赋予新的意义，最终输出流利有效的语言，完成交际过程。为了实现这一目标，口语教学应当注重培养学生流利表达和有效交流的能力。为了达到最佳教学效果，教师应当遵循相关的原则并充分分析口语的特点和要求。

（二）口语教学的方法

1. 展示策略

在教学中，展示策略是至关重要的一个环节。展示方式是展示策略的重要组成部分，它可以根据展示主体、对材料的使用以及所用材料的不同进行分类。教师展示和学生展示是两种常见的方式。多媒体辅助展示和无辅助展示是两种常见的材料使用方式。在选择展示方式时，需要遵循简易、经济等原则。展示方式应该简单明了，尽量避免浪费时间、精力和财力。效果应该是选择展示方式的标准，选择最能保证展示效果的方式。

2. 文化导入策略

语言作为文化的重要组成部分，反映了人类社会文化生活的方方面面，承载着文化信息。每种语言都对应着一定的文化背景，但由于观念、信仰、思维方式、历史文化、社会背景等方面的差异，不同文化背景的人在同一交际场景下会有不同的认知和体验，从而产生了跨文化交际上的差异。为了培养学生的跨文化交际能力，口语教学应该注重文化因素的引入，帮助学生增强跨文化交际能力。

3. 创境策略

学习应该是一个真实情境的体验，因为只有在具体、活生生的情境中，学习才能更有效。因此，口语课堂应该引入真实的社会语言情境，将语言和情境紧密结合起来，使抽象的语言教学变得更加具体、情境化、形象化，以更贴近日常实际生活中自然交谈的形式。实践证明，如果教师能够为学生创造各种真实的语言情境，不仅可以促进学生的积极主动学习，还可以加快学生掌握实际应用外语能力的速度。

4. 功能评价策略

在口语教学中，评价是非常重要的环节。教师应采用形成性评价和终结性评价两种评价策略。形成性评价是一个历程性的评价过程，目的是了解学生在整个学期中的学习进展，为学生的口语发展提供帮助。教师需要设计阶段性的评价目标，并通过课堂观察和与学生的对话来了解学生的学习进展。终结性评价是在学期结束时对学生口语能力进行的评价。教师需要根据教学目标设计评价标准，并采用应用性活动来评价学生是否达成目标。

外语口语的评价通常从语音、总体可理解度、语法和流利程度四个方面进行。教师需要根据具体情况调整评价标准和权重，以确保评价的全面性和客观性。除了口语技能，教师还需要评价学生的学习态度和学习策略，提供相应的支持和指导，以帮助学生全面提高口语能力。

第二节　日语口语教学的原则与方法

一、日语口语教学的原则

（一）鼓励原则

在日语口语教学中，教师应该创造良好的学习环境，鼓励学生不断练习口语，从而提高日语交际能力。以下是几个具体的建议：

①在精读课上，教师可以要求学生就课文主题发表自己的看法，提高学生的口语表达能力和独立思考能力。

②在听力课上，教师可以将其转化为听说课，让学生就材料的主题、内容等发表自己的意见，提高他们的口语表达能力。

③教师要鼓励学生积极参加各种日语课外活动，如日语角、辩论赛、朗诵比赛、角色扮演等，增加学生练习的机会，提高他们学习日语的兴趣和主动性。

④教师要注意错误纠正的策略，避免给学生造成畏惧心理。教师应该鼓励学生多开口，多表扬他们的进步，只纠正那些严重影响语义的错误。当学生遇到表达困难时，教师应该给予帮助，让他们成功地完成表达。

（二）与实际生活相关的原则

在日语交际教学中，教师可以设计一些实际生活情境，让学生意识到日语交际的实用性、重要性和有趣性，从而积极参与口语练习活动。例如，教师可以让学生用所学词汇总结和比较中日饮食文化的不同，巩固词汇量的同时也提高口语能力。需要指出的是，在情境练习中，教师还应该鼓励学生尝试不同的句型，不能仅使用同一个句型，这会对口语能力的提高产生不利影响。

（三）坚持日语教学的原则

为了提高学生的日语交际能力，教师需要充分利用课堂时间，坚持使用日语授课。即使学生的日语水平有差异，也不能放弃使用日语教学的原则。教师可以使用简单基础的教学用语，确保每个学生都能听懂，并逐渐提高授课语言的难度，促进学生的口语表达。在授课过程中，教师需要观察学生的反应，确定学生是否理解。如果有个别学生理解困难，可以适当使用汉语进行解释，但应控制使用汉语的量，避免过度依赖汉语。通过这样的授课方式，可以帮助学生培养用日语看、听、说、读、写和思考的习惯，提高他们的日语交际能力。

二、日语口语教学的方法

（一）日语语法教学应用于日语口语教学

日语是当今备受瞩目的教学科目，也是学生全面提高语言交际能力必学的语种。为了增强学生的日语口语交流能力，教师采用语法教学方法，提高学生的日语学习兴趣。

1. 日语语法的特点

语法是语言的基础，是描述语言结构和规则的系统。它的性质可以从多个方面进行概括。

首先是抽象性和概括性。语法所描述的是语言的结构规则，这些规则是从无数具体的句子中抽象出来的，具有概括性和抽象性。在日语语法中，这一特点尤为突出。

其次是稳定性。虽然语言不断地变化，但与词汇和语音相比，语法变化得要慢得多。因此，语法具有很大的稳定性。

最后是民族性。不同的语言都有明显的民族特点，这不仅表现在语音和词汇上，也表现在语法上。例如，在日语中，形态比较发达，语法意义和功能通常通过特定的标记来表示。

深入理解语法的性质对于学习一门语言至关重要。只有掌握语言的结构和规则，才能提高语言交际能力。

2. 日语语法教学的作用

现今社会越来越重视日语的地位。为了提高学生的日语口语和交际能力，越来越多的教育机构开始采用日语语法教学方法，以达到教学效果的最大化。这种教学方法改变了传统单一的教学模式，提高了学生的学习成绩和学习积极性。因此，可以看出日语语法教学的重要性。

作为日语学习的基础，良好的日语语法学习可以提高学生对日语句子的理解度，使学生更好地理解日语句子成分，从而更好地翻译句子和文章的主题，而不仅仅依赖单词意义的理解。然而，从实际应用的角度来看，利用语法来理解句子成分和单词的意义是需要一定的语法基础和学生的努力练习的。

3. 日语语法教学在日语口语中的具体应用

①在日语口语教学中增加单词和句子的积累量。

当今社会，越来越多的人重视日语，因此，教育工作者在学校中的目标是提高学生的日语口语和交际能力，并促进学生对日语知识的理解。传统的单一教学模式已经被改变，现在通过语法教学来提高教学效果，因此日语语法教学变得尤为重要。

日语语法教学具有自身的教学优点，在日语口语教学中应用价值较高，具有实际教学意义。对于日语口语教学来说，教师需要首先增加学生的单词积累量和句子积累量，以提高学生的语言组织能力，使其具备较大的单词积累量，从而提高学生的口语交流能力。利用语法教学来进行日语口语教学，首先需要将日语口语教学中的单词和句子紧密结合起来，这也是进行语法教学的关键环节。教师可以利用语法教学来加深学生对句子成分的理解，让学生知道什么样的单词和语法可以组成较为连贯和通顺的句子。在组织好通顺的日语句子后，学生便可进行下一步的学习，以打好口语交流的基础。

在进行这一教学活动时，教师需要注意创造良好的教学环境，因为日语语法教学具有一定的教学难度。教师需要吸引学生的注意力，增加学生之间的互动，构建合理的教学目标，并因材施教。对于日语学习能力较差的学生，教师要有耐心，以实现教学效果最大化，促进学生的全面发展，并实现学生的自我价值。

②在日语口语交流过程中，利用语法教学，提高学生的理解度。

在进行日语教学时，教师需要注意语法教学与口语教学的紧密联系，并利用多种教学资源。教师可以借助多媒体帮助学生掌握正确的发音，并让学生观察句子和文章的语法结构和单词成分。在学生理解句子和文章的大意后，教师应该引导学生分析文章和句子的语法特点和知识点，并以小组或公开讨论的形式，加深学生对语法知识的记忆和理解，提高学生的口语交流能力。

为了实现语法口语教学效果的最大化，教师可以鼓励学生自主构建文章和短句，并进行朗读、讨论和分析。教师也可以让学生分角色进行对话，从而让他们更好地掌握语法知识和提高口语表达能力。

在进行日语语法教学和口语教学时，教师应该注重增加学生单词和句子的积累量，为口语教学打下坚实的基础。增加单词积累量有助于学生写出更好的句子和文章，从而提高他们的口语交流能力。同时，教师应该利用语法教学提高学生的理解度，实现教学目标，促进学生的全面发展。

语法教学和口语教学的紧密联系对于日语教学至关重要。教师可以通过多种教学资源和方法，如利用多媒体资源、讨论和分析文章等方式，帮助学生提高口语交流能力。

（二）配音与角色扮演

1. 日语配音活动

在口语教学中，教师可以采用不同的活动形式。例如，教师可以让学生先听一段电影或电视剧片段，然后要求他们找出其中的语言点并进行讲解。讲解完毕后，教师可以播放两遍片段，让学生尽可能地记住对话内容。接下来，教师可以将音量调至静音，让学生根据自己的记忆为片段配上对应的对话。此外，教师还可以让学生观看无声的电影或电视，鼓励他们发挥想象力为画面进行配音。这种方法不仅可以激发学生的想象力和积极性，同时也能更好地提高他们的口语能力。

2. 日语角色扮演

角色扮演是学生喜欢的一种教学活动，也是情境教学的一种重要形式。在角色扮演中，教师可以提供具体的情境，让学生在模拟场景中提高口语交流能力。这种活动有助于增强学生学习口语的趣味性，减轻学生对口语学习的恐惧感。同时，学生可以摆脱枯燥的重复练习，拥有不同社交场景下以不同社交身份进行交际的实践机会。因此，角色扮演是一个非常有效的口语教学方法，可以显著提高学生的口语水平和口语表达能力。

（三）协作式教学模式

1. 协作式教学模式的含义

协作式教学模式的理论基础源自建构主义学习理论，该理论注重个体在认知结构建构过程中的积极作用，强调学习是一种社会性和互动性的协作过程。在日语口语课堂教学中，学生在教师的支持下积极参与协作，以达到日语意义建构的目的。因此，本书提出了一种以学生为中心、以任务为导向、以协作为主线、以语言意义建构为目标的协作式日语口语教学模式。

该教学模式注重学生在课堂中的参与度和主导地位，采用以任务为导向的教学方式，使学生在合作中不断学习和发展。教师应该积极引导学生形成语言环境和语言情境，并利用多种方法和工具来促进学生之间的协作交流。例如，教师可以安排学生分组进行小组讨论或角色扮演等活动，让学生在协作中建构意义，共同实现语言意义建构的目标。

在实施教学模式的过程中，教师应该注意培养学生的合作精神和语言沟通能力，以及提高学生的自主学习能力。同时，教师应该充分考虑学生的个体差异，针对不同的学生制订差异化的教学方案，以实现教学效果的最大化。

2. 协作式日语口语教学模式的应用

为了培养学生的跨文化交际能力，语言教学的目标之一是提高学生的口语交流能力。在口语教学中，协作是非常重要的。协作式日语口语教学模式是以教师设计的真实任务为场景，学生与同伴自行组合为学习伙伴，在共同利用各种资源进行语言意义建构的过程中进行协作。这种以学生为中心、以协作学习为组织形式的学习方式包括以下几个环节：教师引导学生明确目标，精心设计任务；小组成员利用各种资源展开协作学习；小组展示学习结果；师生互评和学生自评；师生小结回顾并准备下次任务。

在协作式日语口语教学模式中，学生需要通过不断的交流、讨论、协作来理解和掌握语言，从而提高他们的口语交流能力。这种教学模式有助于学生更好地应对实际交际场合，提高他们的跨文化交际能力，更好地适应国际化交流的趋势。同时，协作式日语口语教学模式还能够促进学生的思维发展，提高学生的合作意识和创新意识，使他们具备更高的综合素质。

（四）灵活练习法

1. 机械练习

机械练习的主要目的是帮助学生熟练掌握所学日语句子的语音、语调和句式，无需过多思考。机械练习主要有两种方式：仿说练习和替换练习。

（1）仿说练习

在仿说练习中，教师为学生读一篇日语语音材料，然后让学生模仿发音、语调，感知词语和句子的使用。教师会检查学生的发音、语调、表达等，并给予纠正。

（2）替换练习

在替换练习中，教师会给出几个日语例句，告诉学生要替换的部分，然后让学生使用所给的成分进行替换，如使用同类词替换原句中的某个单词、使用单词或词组替换原句中的某个单词、变换句子中的名词数量或动词时态。

2. 复用练习

复用练习是一种围绕教师讲授的材料或情境进行的练习活动，可以帮助学生深入理解所学知识并提高语言应用能力。以下是几种常见的复用练习方式：

（1）反应练习

在反应练习中，教师可以结合实物、图片或动作等多种方式呈现所要表达的句子，让学生通过观察、理解和模仿来加深对句子的理解，并培养学生的语言应用能力。

（2）变换说法

在变换说法的练习中，教师可以提出一个问题，要求学生用不同的表达方式进行回答。这种练习方式可以拓展学生的语言表达方式，激发学生的思维和创造力。

（3）组句练习

在组句练习中，教师可以让学生根据所学单词、词组和句型组合成对话或一段话，加深学生对语言应用的理解和掌握。

（4）扩充句子

在扩充句子练习中，教师可以提供一些简短的句子，要求学生通过增加定语、状语等句子成分，将句子扩展为更长、更复杂的句子。这种练习方式可以逐步提高学生的句子输出质量，增强学生的语言表达能力。

（5）围绕课文进行练习

围绕课文进行练习可以让学生运用课文中的重点单词、词组等来说一段话或回答问题。这种练习方式可以帮助学生更好地理解课文，巩固所学知识，提高语言运用能力。

复用练习是一种有效的语言教学方式，可以帮助学生加深对语言知识的理解和应用，提高语言交际能力。

3. 活用练习

活用练习和复用练习是日语学习中常见的训练方式，二者都要求学生思考和重新组织语言。活用练习允许学生在自由的情境下根据自己的想象力和理解程度进行语言的运用，以表达自己的思想和情感。而复用练习则要求学生在课文或教师提供材料的基础上进行语言的练习。下面介绍两种常见的活用练习方式。

一种活用练习方式是利用课文中的语言素材，描述自己的生活。学生可以根据所学课文中的关键词句，自由编写一段话来介绍自己的生活。例如，学习了有关家庭的课文后，学生可以介绍一下自己的家庭情况；学习了有关日本节日的课文后，学生可以介绍一下中国的传统节日；学习了有关友谊的课文后，学生可以发表一下自己对友谊的看法。

另一种活用练习方式是提出议论性问题，让学生自由发表见解。教师可以针对课文中的某个人物、情节或主题提出有争议的问题，让学生自由发表个人见解，并进行讨论。这种方式可以激发学生的思考和创造力，提高学生的语言表达能力，同时也可以促进学生的交流和合作。

第三节　跨文化背景下日语口语教学策略研究

一、日语口语教学存在的问题

（一）缺乏交流环境

在中国，日语作为一种小语种，在日常交流中使用的范围非常有限。由于缺乏真实的交际环境和交际意图，学生很少有机会用日语进行交流，因此他们缺乏练习口语的动力。此外，由于日语的语序与中文不同，许多学生很难开口说出正确的语言表达。因此，在课堂上，学生往往表现得不够积极主动，与教师的配合也不够紧密，这导致教师往往成为唯一的讲述者，这对于培养学生的口语交际能力非常不利。

（二）重视程度不够

为了培养交际型人才，口语课应该是外语教学中不可或缺的一环。然而，很多高校的外语课程设置过于注重精读，轻视口语教学，口语课时不足。有些外语学院的日语专业甚至只在一、二年级开设口语课，且每周只有两节课。由于口语课时分配不足，学生练习口语的机会十分有限，这直接影响了他们用日语进行交际的能力和水平。

（三）教学方法陈旧

传统的教学方法通常以教师为中心，注重语言知识的传授和分析，而忽视了外语教学的特色，难以培养学生的交际能力。个别教师甚至认为口语教材不适应教学需要，脱离教材或随意自选教材，缺乏整体性和系统性，对具体训练项目也没有明确要求，影响了学生口语能力的提高。

对于日语专业来说，口语教学是一门至关重要的课程，应该以学生为中心，采用多样化的教学手段和方法，注重实用性和科学性，题材和体裁要多样化，灵活应用语言知识和材料，贴近大学生的实际生活和成长需求。只有这样，才能有效地培养学生的日语交际能力，提高口语教学水平。

二、跨文化背景下日语口语教学的具体策略

（一）在课堂上多使用日语进行教学

为了让学生更好地理解单词、语法和文章的意思，很多教师会使用母语进行讲解。然而，每种语言都有自己独特的特点，有时候很难找到完全匹配的对应关系。如果过多地使用汉语进行日语教学，学生很难逐渐形成用日语思维和表达思想的习惯。因此，教师应该尽可能多地使用日语进行讲解。虽然一开始学生可能会有些不适应，特别是对于一些较长的表达方式可能会反应不过来，但是教师不应该放弃，可以通过重复的方式，并结合一些手势语和丰富的表情来鼓励学生，增强他们的信心。

（二）创新教学手段，构建日语语言情境

为了帮助学生深入理解日语单词、语法、文章的意义，教师可以使用多媒体、课件和实物等直观教学手段，创造形象生动的日语语言文化交际情境，让学生感受日语语言和文化。通过不断重复、大量刺激的方式，培养学生的日语语感，并逐步养成用日语思维、直接用日语表达思想的习惯。在此过程中，学生可能会感到困难，教师应该通过使用手势语和丰富的表情来鼓励学生，增强他们的信心。

（三）听与说有机结合

听力是获得语言输入最基本的方式，也是提高口语能力的重要途径，因为口语能力的培养需要从听力理解开始。在日语口语教学中，教师应该将听力和口语能力的培养结合起来，实现并行教学。

首先，教师应该尽可能使用日语进行授课，营造浓厚的日语语境。教师要讲

流利、标准的日语，以激发学生的学习热情。只有通过多听、准确听，才能说得流利、准确。

其次，教师应该从一开始就培养学生开口说日语的习惯，创造更多机会让学生用日语交流，并鼓励他们勇于开口说话。教师可以使用多种教具、多媒体手段、角色扮演等方式，帮助学生更好地理解和掌握日语口语表达。通过反复、大量的练习和实践，逐步提高学生的听力和口语能力，使他们能够用日语思维，形成直接用日语表达思想的习惯。

（四）营造和谐的课堂氛围

过于强调语言的准确性和严谨性会让学生感到压力和不安。在口语训练中，教师应该扮演积极引导者的角色，创造轻松和谐的学习氛围，采用多种形式的口语训练方式，让学生自由地表达自己的思想和情感，让他们感受到语言的乐趣和实用性。在教学过程中，教师应该与学生建立信任和尊重的关系，增强师生之间的情感交流和沟通。学生只有放松、充满自信，才能获得最佳的口语训练效果。

（五）增强学生的自信心

在日语教学中，教师应该关注学生的个体差异，并根据学生的学习成绩和个性特点适时调整教学内容。教师可以采取搭配优等生和后进生的方式，同时兼顾内向和外向的学生，发掘每个学生的优点，给予不同层次和基础的学生展示自己的机会。在口语训练过程中，教师应该采用多样化的训练方式，并及时给予学生肯定和鼓励。教师的赞许和肯定不仅满足学生的自尊心，还能增强学生的成就感和自信心，从而激发学生对日语学习的兴趣。

作为教育工作者，提高学生的日语口语交际能力，培养能够满足社会需求的应用型日语人才，是一项重要的任务。在日语教学中，口语交际能力是相对薄弱的环节，因此，教师应该将口语教学放在重要位置，采用适合的方法和手段，帮助学生提高日语口语交际能力。教师应该探索适合口语教学的方法和手段，创造和谐的语言环境，使学生在学习语言知识的同时，获得实际的口语交际能力。只有这样，学生才能适应社会不断发展和变化的要求，在激烈的市场竞争中立于不败之地。

（六）加强对文化背景知识的了解和学习

由于不同文化背景的存在，某些话题在一种文化中可能是敏感话题，在另一种文化中却不具备敏感性。比如，在中国文化中，讨论年龄、收入、财产、家庭和婚姻状况等属于关注范畴，但如果不自觉地将这些话题引入日本文化的对话中，可能会侵犯对方的隐私权。此外，日语中还存在男性用语和女性用语的区别。因此，日语教师需要将语言知识和文化背景知识有机地结合起来，让学生了解在什么场合说什么话，提高语言应用的得体性。要真正掌握一门语言，必须了解其所承载的文化。语言是文化的载体，语言的使用无不反映着说话人的文化背景。由于中国学生深受汉语文化的影响，他们在用日语进行口语表达时总会带有汉语思维和表达方式，反映中国社会的背景等。因此，在日语口语教学中，应该将文化与口语教学相结合，利用文化导入的方法来教授日语口语，帮助学生更好地了解和掌握日本文化的背景知识，从而在日语口语表达中更加准确、得体。

1. 文化导入的内容

在进行文化导入教学之前，教师需要深入了解文化对语言的影响和制约，特别是在词语意义和话语意义两个方面。针对词语意义方面，教师应该注重介绍文化中含义不等价的词语和习语，同时也要关注字面意义相同的词语在文化上具有不同含义的情况。此外，教师还需要了解民族文化中特有的事物和概念在词汇语义上的表现，以帮助学生更好地掌握日语的语义知识。对于话语意义方面，教师需要考虑文化背景对话题的影响，选择适当的语码和话语组织方式，帮助学生更好地理解和运用日语。通过文化导入教学的方法，学生可以更好地理解日语的意义和文化背景，从而提高口语表达的得体性和准确性。

2. 文化导入的方式

文化导入可以通过以下两种方式实现：

（1）教材结合导入

教师可以结合教材内容，向学生介绍与该课堂学习内容相关的背景知识。例如，在一节关于饮食的口语课上，教师可以向学生介绍其他国家的饮食文化，并为学生提供相关的词汇和常用语句。这种方式是最直接、最自然的导入方式。

（2）多媒体结合导入

由于中国学生缺乏日语环境，导致他们无法感受日语和日语文化，增加了口语表达的难度。因此，教师可以利用多媒体为学生提供大量的日语文化知识，创造真实的日语情境，使学生身临其境地感受日语和日语文化，并增加学生之间的互动交流。这种方式可以有效地激发学生的学习热情。

通过以上两种文化导入的方式，教师可以让学生更好地理解和运用日语，增强口语表达的得体性和准确性，同时也能够激发学生对日语学习的兴趣，提高学习效果。

（七）借助多媒体教学手段，利用异国文化材料

随着科技的不断进步和普及，网络已经成为学习日语的重要工具。教师可以通过网络搜索各国与文化相关的资料，再利用多媒体技术将其呈现给学生，从而为教学活动提供有力支持。现在，越来越多的学校开始采用网络多媒体来辅助教学。对于学习日语的学生来说，利用网络进行学习是非常必要的。教师可以利用网络资源查询各种与文化相关的资料，再结合多媒体技术，为学生呈现真实的语言环境，使学生身临其境地感受日语和日语文化。在选择文化资料时，教师需要仔细筛选，确保内容的准确性和可靠性。例如，在介绍与节日相关的活动时，可以通过网络搜索到真实的音视频资料，为学生提供更加丰富的文化体验。

第五章　日语听力教学模式研究

听力不仅是人类进行交际的重要手段，同时也是人们获取语言信息的重要途径。因此，在日语教学过程中，教师必须认识到听力教学的重要性，并引入跨文化交际的元素，使日语听力教学更符合教学的主流。

第一节　听力教学的重要性与日语听力教学的内容

一、听力教学的重要性

在学习语言时，听力是至关重要的技能，它是接收信息和掌握语言的关键步骤之一。在日语教学中，听力教学占据着非常重要的地位，因为只有理解对方的说话内容，才能有效地进行交际。但是，听力技能难以掌握，需要长期坚持和循序渐进地提高。因此，在听力教学中融入文化元素，有助于学生更好地理解和掌握日语听力技能，从而提高他们的交际能力。

（一）以听力教学巩固语言知识

在传统的日语教学中，学生的语言知识学习通常从教师的讲解开始。然而，现代心理学的建构主义理论认为，知识学习不仅仅依赖于教师的传授和讲解，更重要的是通过认知因素和情感因素的互动来构建知识的意义。听力教学活动能够促进学生对所学语言知识的内化和巩固，最终实现知识体系的构建。

（二）以听力教学激发学习兴趣

教学是一种双向交流的活动，教师需要指导学生的学习，而学生也需要通过教师的指导来开展学习活动。教学具有过程性特点，教师在教学中不断积累经验，而学生在学习中不断获得知识和技能，并促进自身能力的发展。在听力教学中，学生常常排斥听力理解活动，缺乏参与的积极性，这是一个需要解决的问题。

在激发学习兴趣方面，听力活动主要在以下四个层面发挥作用：新信息的呈现、新旧知识的整合、语言知识的使用与评价以及与其他语言技能训练活动的结合。在听力理解过程中，通过创造与当前学习主题相关的真实情境，能够有效地激发学生的联想，并唤醒他们长期记忆中相关的知识、经验或表象，从而促进新旧知识的整合。学生能够调动大脑中原有的相关经验，对原有知识进行调整，将新知识纳入整个知识体系中去，从而更好地理解问题、应用知识并构建意义。在整个过程中，学生的参与度将得到充分调动，从而提高学习效果。

（三）以听力教学提高交际能力

交际能力不仅仅指学生能够使用语法正确的句子，还包括在适当的时间和场合，针对不同交际对象灵活使用这些句子的能力。掌握一种语言不仅要学会使用语言形式，还需要在特定语境下运用得当。

在日语听力教学中，学生需要了解听力材料的语篇特征，并将这些特点与篇章的交际目的和语境相联系，以便理解听力材料并分析其中的信息。在这个过程中，学生积极参与信息交流，并激活了日语交际能力框架中的其他知识。换句话说，语篇能力意味着学生能够理解口语语篇的各个组成部分的意义，并把握这些组成部分在篇章层面上的联系，确保交际在有意义的前提下顺畅进行。

除此之外，在日语听力教学中，语言能力、策略能力以及语用能力也非常重要。这些能力的提高有助于学生更好地理解和应用日语听力材料，从而在日语学习中取得更好的成果。

1.语言能力

语言能力是指学生具备辨析语言系统各个成分（如语音、词汇和句法等）的能力，这些语言知识是学生在听日语口语语篇时进行意义解码的基础。学生需要掌握日语词汇和句法知识，并能够运用这些知识对日语词汇进行解读，确定所听到的句子是否自然、连贯。同时，对语音知识的掌握对听力理解也具有重要作用，学生需要理解诸如节奏、重音、语调等方面的规则，以便更好地理解日语口语语篇。因此，学生对语言系统的掌握与篇章能力密切相关。如果学生缺乏语音、词汇或句法等方面的知识，就无法理解听力篇章的意义。

2.策略能力

学习策略是指在语言沟通中所使用的策略能力，包含交流策略和学习策略。通过运用这些策略，学生可以更高效地构建语言交际的意义。学习策略主要包括元认知策略、认知策略和社会情感策略，正确地运用这些策略有助于提升学生的听力水平。尤其是元认知策略的培育对学生元认知水平的提高、学习方法的优化、自我监督能力的加强都有积极的促进作用。重视培养学生的策略能力是符合人本主义思想的。换句话说，提高学生的策略意识可以培养其自主学习能力，如计划、监督和评估能力。因此，在听力教学过程中，教师应有意识地制订系统稳定的教学方案，并进行听力策略培训，以提高学生的策略能力，进而提升听力技巧。

3. 语用技能

语用技能包括学生在特定场景下理解语言功能的能力，以及在分析语言的表面含义和深层含义时，对社会语用因素的掌握。为了准确把握说话者的真实意图，学生应关注语境特点（如正式或非正式场合）、交流者之间的关系（如社会地位、性别差异）以及礼貌程度（如陌生或亲密关系）等要素。因此，在培养语用技能方面，学生需要逐步学会识别和运用这些语用信息，这将助力学生更好地理解语言使用的背景和目的，进而更为有效地进行语言沟通。教师在教学过程中应关注语用技能的培育，协助学生更好地理解和运用社会语用因素，从而提高他们的语言交际能力。

二、日语听力教学的内容

日语听力教学在日语教育中占据举足轻重的地位，对学生的语言学习和人才培养具有重大意义。为了引导日语听力教学的发展，我们需要对其内容进行深入探讨。在当代的听力教学中，我们应着重培养学生的听力知识、听力技巧和听力领悟能力。

（一）听力知识

听力知识是学生提高日语听力技巧水平的根基。它涵盖了语音知识、语用知识、策略知识、文化知识等方面。其中，语音教学是听力教学的关键组成部分。在实际交流中，相同的句子可能因发音、重音、语调等变化而呈现出不同的语用含义，表现出交际者不同的意图和情感。因此，在听力教学过程中，让学生掌握日语的发音、重音、连读、意群和语调等语音知识对提升学生的语音识别和反应能力具有积极影响。同时，教师还应对学生进行音素、意群、重音等方面的训练，训练内容包括单词、句子、段落和文章，以便学生熟悉日语的表达方式和节奏，适应日语语流，从而为学生增强听力理解能力奠定坚实的基础。这种训练还能潜移默化地培养学生的日语思维能力，促进其二语习得能力的提高。

除了语音知识，听力知识还包括语用知识、策略知识和文化知识等。这些知识的科学教学同样是提升学生日语听力能力的关键途径。语用知识的学习有助于学生理解话语内涵，提高对话语的理解层次。策略知识的学习则能协助学生根据不同的听力素材和任务进行策略选择，增强听力的针对性。文化知识的学习有助于学生在未来进行跨文化交际，促进不同文化背景下的沟通顺利进行。

（二）听力技能

要有效提高学生的日语听力技能，教学需要注重科学性和针对性。在教学中，需要运用不同的技巧和策略，从而提高学生的跨文化交际水平。听力技能包括辨音能力、交际信息辨别能力、大意理解能力、细节理解能力、选择注意力和记笔记技能等几个方面。

1. 辨音能力

辨音能力教学的目标是让学生掌握音位、语调、重弱、意群、音质等方面的辨别能力。这样的训练不仅可以提高日语听力的有效性，也有助于提高学生的理解能力。

2. 交际信息辨别能力

交际信息辨别能力包括辨别新信息指示语、例证指示语、话题终止指示语、转换指示语等。提升交际信息辨别能力能够有效提高听力的效率和针对性，促进学生对话语的理解。

3. 大意理解能力

大意理解能力主要包括理解谈话或独白的主题和意图等。提高大意理解能力有助于学生在整体上把握话语内容。

4. 细节理解能力

细节理解能力是指获取听力内容中具体信息的能力。对细节的理解能力有助于学生提高做题的准确度。

5. 选择注意力

选择注意力能够帮助学生针对听力材料选择信息焦点，掌握话题的中心。

6. 记笔记技能

记笔记技能可以提高听力记忆的效果。

教师需要了解，听力水平的提高需要循序渐进，同时也要根据不同学生的学习习惯和特点进行教学。听力水平的提高并非一朝一夕之功，需要教师和学生的共同努力。

（三）听力理解

为了帮助学生有效提高日语听力技能，教学需要注重科学性和针对性。在教学过程中，教师需要运用不同的技能和技巧，以帮助学生提高跨文化交际水平。听力理解包括辨认、分析、重组、评价与应用。

1. 辨认

日语听力理解的第一个阶段是辨认阶段，其中包括语音辨认、信息辨认和符号辨认等方面。虽然辨认处于第一层次，但它是后面几个阶段展开的重要基础。如果学生无法辨认所听内容，那么理解的过程也将无从谈起。在辨认阶段，教师可以通过不同的方式训练和检验学生的辨别能力，如通过正误辨认、匹配和勾画等具体方法。例如，教师可以要求学生根据所听内容的顺序，对听力材料中的句子进行排序。

2. 分析

分析要求学生能够将听到的内容转化为图表。这个阶段要求学生可以在语流中辨别出短语或句型，以此对日常生活中的谈话内容有大致的理解。

3. 重组

重组要求学生用自己的语言将听到的内容以口头或书面的方式表达出来。

4. 评价与应用

评价与应用是听力理解的最后两个阶段，要求学生在获得、理解、转述信息的基础上，能够运用自己的语言对所获得的信息进行评价与应用。在实际教学中，可以通过讨论、辩论、问题解决等活动进行。

第二节　日语听力教学的原则与方法

一、日语听力教学的原则

（一）听前环节的教学原则

为了帮助学生更好地完成日语听力理解任务，教师需要提前进行充分的准备和热身活动。如果学生没有经过适当的准备和热身，他们将很难进入听的状态。因此，在开始日语听力理解任务之前，教师需要确保学生已经做好了充分的准备，包括通过讲解听力材料中可能出现的词汇、短语和语法结构，提前进行类似于听写练习等听力热身活动。这样可以帮助学生逐渐进入听力状态，更好地理解听力材料，提高听力理解水平。

1. 相关性教学原则

在这个阶段，教师应该根据相关性教学原则，设计一系列与听力任务相关的活动，以激发学生的听力兴趣，并激活他们大脑中储存的相关知识。例如，教师可以组织学生观看相关视频，并以小组讨论的形式了解视频的内容。通过小组合作学习，可以激发学生的学习兴趣，同时配合屏幕上的图片展示，帮助学生理解语言抽象描述与图像具体展示之间的关系。通过这些活动，可以深刻地体现听前环节的相关性教学原则，为学生在理解新的日语听力篇章时做好充分的准备。

2. 简化原则

在听前环节中，教师应遵循简化原则，尽可能使学生更易理解新的日语听力篇章。

（1）词汇学习

在听说课程中，词汇学习是非常重要的一环，因为生词量过大会成为听力理解的障碍，延长大脑对新信息的解码时间，使学生陷入被动状态，甚至放弃听力任务。因此，教师需要在听说课程中注重词汇教学，并通过相关短语和句型的引导，帮助学生掌握生词的用法和语义，使学生在有限的时间内建立起熟悉感，并能够迅速做出反应。教师可以通过词汇闪卡、填空、配对等方式，让学生积极参与词汇练习，巩固学习成果，并在听力实践中更好地应用所学词汇。

（2）背景知识与专业术语的介绍

专业术语有时会成为听力的难点，因为学生对其一无所知，而这些术语又是文章的关键词。如果教师不解释说明，学生将难以理解篇章的内容。

（3）对听力短文内容的预测

新的日语听力理解练习中配有相关的陈述、问题和选择项，其中蕴含着大量篇章信息。通过快速浏览陈述，可以使学生了解文章的主要事件；通过了解问题，可以帮助学生抓住关键词，实现有选择性的听力理解；通过熟悉选择项，可以使学生对与问题相关的信息做出快速反应。

通过以上三个方面的结合，可以大大降低新的日语听力篇章理解的难度，激发学生对听力任务的兴趣，提高听力理解的效率。

（二）听中环节的教学原则

为了帮助学生有效地理解日语听力材料并做出反馈，语言教师应该遵循以下教学原则，引导学生有目的地进行听力理解。

1. 明确化原则

在听力练习中，学生很难在没有明确的听力任务的情况下进入听力理解状态。当学生听材料一两遍后仍然感到茫然和无所收获时，通常是因为他们的注意力没有得到引导，只是被漫游或者试图理解每个单词、每个句子所占据。因此，教师应该在听力材料首次播放或循环播放前明确听力任务，让学生清楚他们听的目的，避免出现上述问题。通过任务驱动的听力理解，可以帮助学生更好地理解听力材料，提高听力水平。

2. 层次化原则

听力任务应该按照一定的层次进行确定，从简单到难，低级任务应为高级任务服务。一开始就期望学生对所听内容做出相关反应只会让他们感到沮丧和失望，从而降低信心。简单易懂的听力任务可以让学生有成就感，从而激发他们挑战更高级别听力任务的动力。

（三）听后环节的教学原则

听力材料的播放结束并不代表学生整个听力过程的结束，还有重要的听后环节。

1. 反思性教学原则

在听后环节，教师需要采用反思性教学原则，从多个角度来评估自己的听力教学效果，并不断优化教学策略。教师应该密切观察学生在听力课堂中的表现，与他们进行互动交流，以及进行课后的学生反馈调查等，以了解听力教学中存在的问题和改进的空间。同时，教师还应该引导学生养成反思听力过程的习惯，并记录在反思日志中，以便及时回顾和总结听力任务的学习经验和教训。通过反思，学生可以提高自己的听力策略和语言应用能力，并不断完善自己的听力技能。

2. 善于引导学生的原则

在听力学习过程中，应注重元认知策略的应用，这不仅适用于听后环节，也贯穿整个听力学习过程。教师应该引导学生制订实际可行的听力学习计划，自我监控听力理解过程并对自己进行全面评价，以培养学生在听力学习中的自我管理意识，使其能够自主学习并推动整个日语学习进程的发展。

二、日语听力教学的方法

（一）任务型教学法

1.任务型教学法的起源

任务型教学法起源于20世纪80年代的西方。通过任务的设计来促进学生自然地学习和运用语言，是一种教学方法。任务的设计应该结合教学进度和学生实际情况，让学生在完成任务的过程中进行语言学习。[①] 这种教学方法被视为一种新型的课堂教学模式，引起了应用语言学家和外语教师的兴趣。通过设计和提供多种任务和场景，让学生参与思考、讨论、交流和合作等活动，输出所学知识，激发学生的积极性。

2.任务型教学法的设计原则

任务型教学法的核心问题在于如何设计任务，而任务的构成要素包括以下六个方面：

①目标。任务必须有明确的目标，以指导教学活动。

②内容。任务要求学生进行具体的活动，即"做什么"。

③程序。学生在任务执行的过程中需遵循操作方法和步骤，即"怎样做"或"在什么情况下做"。

④输入材料。任务执行需要语言或非语言辅助资料。

⑤教师和学生角色。教师和学生的角色要明确，任务的中心是学生。

⑥情境。任务产生和执行时的环境或背景。

这六个基本要素反映了任务的本质。任务本身只是一种形式和手段，它不是教学内容和目的，但通过任务，学生可以在真实或接近真实的环境中进行交际和使用目的语解决问题。任务型教学法使得语言学习不再是简单的语言练习，而是有语境、有意义、有交际目的的实践活动。

3.任务型教学法的任务设计

（1）材料选择

日语听力教学的目标是提高学生在现实生活中的语言交际能力。因此，教师

---

① 孙成岗.日语教学中的文化干扰［J］.日语学习与研究，1998（01）：22-26.

应该提供多样化的语言材料，与现实生活密切相关。这种材料可以增加学生语言交流的机会，让他们在真实的语言交际过程中提高听力技能。同时，教师应该为学生提供视听材料，如日语歌曲、电影、日剧等。这些真实的听力材料具有自然丰富的语调、不同的语速和口音，并且是地道的，能够让学生从真实的语言素材中学习日语。

在任务设计时，应该尽量挖掘符合学生年龄特点和兴趣爱好的议题，组织能够引发学生兴趣的活动，采取多人参与、多向交流与互动的方式，在完成任务的过程中加强人际交往和情感交流，提高学生的综合能力。此外，任务的设计应该结合教学进度和学生实际情况，让学生在完成任务的过程中进行语言学习。通过设计和提供多种任务和场景，让学生在思考、讨论、交流和合作过程中输出所学知识，激发学生的积极性。

（2）任务设计

在任务型教学法中，学生在完成任务的过程中进行对话性互动，从而产生语言习得。因此，任务与活动是日语听力课堂教学的中心环节。当前听力课堂上最常见的任务是为了理解而设计的问题，如选择题、正误判断题和问答题等。然而，这些任务更像是听力"练习"，而非真正的任务。

任务型教学法中的"任务"与传统的"练习"或一般意义上的"活动"存在本质差异。首先，任务具有双重目的，即任务本身所含的非教学目的和任务设计者期望任务参与者达到的教学目的。而练习通常只具有教学目的。其次，任务通常会产生非语言性结果，而练习则总是产生语言性结果。再次，任务具有开放性，任务的完成并没有一套预定的模式或途径，或者不一定会达到统一的结果。最后，任务具有交际性或互动性。任务通常是集体性和合作性的互动活动，这种互动可以是学生与学生之间、学生与教师之间、学生与输入材料之间的双边或多边互动。

4. 任务型教学法的教学实施

（1）任务前阶段导入并介绍话题

在日语听力课堂中，首先需要进行导入，通过使用图片、制造悬念、复习过去学习的内容或进行讨论等方式向学生展示与本次听力有关的相关图片和文字，并介绍本次听力任务的话题和目标。其次，需要激活学生的语言能力，可以引导学生进行简单的词汇学习活动或游戏，并向学生介绍接下来可能要使用的重要词汇和短语，让学生进行语言练习活动，熟悉相关内容。最后，教师应该介绍日语听力学习技巧，如精听与泛听结合法、预测法、联想与语境词汇记忆法、小组讨论与合作学习法等，这些技巧有助于学生在听力学习过程中更加高效地提高听力技能。

（2）任务环节阶段提出任务

在日语听力课堂中，教师应该布置不同层次、具有逻辑性和目的性的听力任务，包括总任务、分任务和小任务等。学生需要按照教师布置的任务进行准备与实施，完成任务的过程中需要运用相关的日语语言听说技能。在任务实施过程中，教师可以采用多种方式引导学生进行情境互动式教学、任务型小组合作、抛锚式教学、案例教学和分层次教学等活动。这些活动可以帮助学生提高日语语言应用技能，通过口语促进听力训练。学生个人或小组代表可以将完成的听力任务和解决方法向全班展示，展示学习成果。教师需要对学生完成的任务进行点评，纠正学生可能出现的错误，并提供指导和协助，培养学生的听说交际能力。

（3）课外作业项目化、新颖化

为了提高学生的日语听力技能，教师可以采用小组合作学习的方式，将全班学生分成3～4人的小组，并为每个听力小组分配一段听力内容。通过小组合作的方式，学生可以集体完成任务，并进行讨论，以加深对日语听力内容的理解和记忆。此外，教师还可以不定期地设计日语听力作业，推荐利用富士电视台、日语综合视频网站等多媒体资源，让学生复述自己感兴趣的话题或模仿影视配音，以提高他们的听力水平。

（4）评价方式过程化、层次化

为了更好地发展学生的日语听力技能，教师应该改变过度重视考试结果的评价方式，采用形成性评价来评价学生的日语听力学习过程，包括课堂内和课堂外的评价。

在课堂内，教师可以采用多种形式的评价方式，包括学生参加统一的听力口语测试和过程性评价。过程性评价可以采用观察法、自评、小组评价和教师评价等方式，对学生在日语听力学习过程中的表现进行评价。

在课堂外，教师可以采用以过程性评价为主的方法，包括自我评价、小组评价和学习档案袋。通过量化管理，教师可以对学生的听力学习过程进行评价，包括听的量、范围和反应速度等多个维度。评价方式可以采用听写、翻译、模仿等方法，以评价学生听力能力的不同方面。

通过改变评价方式，教师可以更全面、客观地评价学生的日语听力学习过程，帮助学生提高听力水平，同时激发学生的学习动力。

（二）提示型教学法

在日语听力教学中，提示型教学法是一种有效的教学方式，通过为学生提供必要的知识和信息，训练他们在听录音信息时的预测能力，更好地理解听到的信息。在具体操作上，教师可以通过图片、影音资料、提问、小组讨论等方式为学生展示表达材料内容的背景知识，播放一遍录音材料，并要求学生记录下听到的词汇和重点。然后，教师把学生分成小组，以小组为单位汇总每人听到的录音片段，并进行统合，在每个小组中找出一名代表针对会话内容进行发表。

提示型教学法的目的是训练学生在听力过程中运用由总至分的分析方式。因此，事前提示给学生的内容必须是能够帮助学生在大脑中形成一定组织构造的系统知识。在对运用提示型教学法进行听力学习的学生进行成绩效果评估后发现，大部分学生在经历七次左右的课程训练后，可以做到通过对文脉整体的把握推测出原本不明白意思的单词和短语用法。随着训练频度的加大和学生自身对提示型教学法掌握程度的提高，能够达到更加准确地把握文章思想并将文章内容分析得更加深入细致的学习效果。

提示型教学法的另一个优点是帮助学生产生要努力提高自身听解能力的上进意识。通过将日语听力的学习方法从努力去听准每个假名转变为努力去对文章内容进行预测，学生在思想上对听解活动也会采取更为积极的态度。

（三）引入认知语言学的听力教学方法

1. 认知语言学应用于低年级听力教学

在日语听力教学中，词汇学习和掌握对低年级学生的听力理解至关重要。为了帮助学生更好地理解单词的意义和用法，教师可以采用框架语义理论的方法来进行词汇考查。

框架语义理论认为，语言中存在一个结构化的范畴系统，与激活的语境相一致，单词代表经验分类，每个分类都以知识和经验的激活为基础，一个"框架"作为在对语言意义的描述中起作用的一个概念，是与激活性语境相一致的一个结构化范畴系统。教师可以在教学中引入多种场景和"框架"，提供多种元素和背景，帮助学生更好地掌握单词。

例如，在商业交易的框架中，教师可以引导学生认识商品、钱、对商品感兴趣的人以及对钱感兴趣的人这些基本元素。在交易过程中，"买"这个动词的重点在于"对用钱换取商品感兴趣的人"对"商品"实施的动作行为，而"卖"则相反，重点在于"对商品换钱感兴趣的人"对"商品"实施的行为。通过这个场景，我们可以描写出一系列词汇的意义和用法。

在教学中，教师可以为学生创造多种"框架"，提供多种"元素"和"背景"，让学生尽可能多地掌握单词。例如，在讲解位置关系时，除了解释"桌子上有本书"这句话的意义和用法外，还应该为学生创造更多的"框架"，如"空间位置"这个概念可以进一步扩展，包括"上、下、左、右、前、后、旁边、中间、里面、外面"等。通过设置不同的场景和主题，教师可以帮助学生在不同的背景下进行联想和对比，从而更好地掌握单词，并了解在不同场合下的表达方式和语气，更好地理解听力材料。这种方法可以有效提高学生的听解能力，促进他们更好地掌握日语语言。

2. 认知语言学应用于日本语能力测试教学

在日语专业学生进入二年级后，他们必须面对一个挑战——参加日本语能力测试。为了应对这项挑战，在框架语义理论的指导下，日语听力教学对学生的要求更高了。

在应对日本语能力测试的听力教学中，教师应该为学生创造更多的人工"框架"，根据试题类型进行分类训练。以日本语能力测试N1级为例，可以根据考查目的分为"课题理解""重点理解""概要理解""即时应答"和"统合理解"。在教学中，根据每个部分的特点，分别构建不同的"框架"，为学生创造一个全面的、有体系的听力训练环境，让学生分门别类地攻克难关，提高听力能力，从而在能力测试中发挥更好的水平。

例如，在课题理解部分，听力材料多数考查位置、场所、顺序、设计等关系的问题；在重点理解中多考查原因、理由、心情等相关表达；在概要理解中则要求对谈话主题、说话人观点和主张进行提问；即时应答考查情境对话的掌握情况；统合理解要求对整篇语音材料进行主题概括，同时考查听者捕捉原文中出现的个别信息特征的能力。

在应对能力测试的指导方面，教师应将每个大题再具体细分为几个主题进行训练，让学生掌握每一个场景下通常会出现的表达方式，从而增加他们的知识储备量。在听解考试过程中，学生可以在短时间内正确地处理和加工所听到的信息，以达到灵活应对能力测试听解考试的目的。

（四）情境教学法

1. 情境教学法的定义

情境教学法是一种视听教学法，起源于"二战"后的欧洲。它通过多种手段，如多媒体、实物演示、角色扮演和实验操作，创造各种具有情境感的课堂教学场景。情境教学法将认知和情感、形象思维和抽象思维巧妙结合，鼓励学生积极、主动、创造性地参与学习，改变传统的单向知识传授方式。情境教学法的重点在于通过创造虚拟语境，使学生身临其境，为其语言学习提供背景支持。这种教学法可以帮助学生在特定的环境中练习单词、语法和句子，相对于单调枯燥的单向训练，更加有效。

2. 情境教学法用于日语专业听力教学

日语学习中，听力是不可或缺的重要学习手段，贯穿了从入门到高级阶段的学习。然而，如何让学生兴趣盎然、主动参与听力课程，一直是日语教师和学生所面临的难题。为了解决这一问题，我们可以尝试将情境教学法应用于日语听力教学中，以激发学生的学习兴趣和主观能动性。

情境教学法是一种充分利用多媒体、实物演示、角色扮演和实验操作等多种手段的视听教学法。通过创造各种真实或虚拟的语境，将认知和情感、形象思维和抽象思维、教与学巧妙地结合在一起，为学生提供丰富的学习体验。在日语听力教学中，我们可以借鉴情境教学法的思想，通过创设具体场景和情境，将听力材料融入真实或虚拟的情境中，让学生身临其境，从而更好地理解听力材料。

例如，在教学购物日常用语时，我们可以让学生在"商场购物"场景中进行模拟购物活动，包括制定购物清单、寻找商品、试穿试用、询问价格、砍价等各种活动。通过角色扮演、实物演示和多媒体展示等手段，让学生全身心地融入购物场景中，同时进行听力训练。这种情境化的学习方式，既能帮助学生掌握购物用语，又能让学生在轻松愉悦的氛围中进行学习，激发学生的学习兴趣和主动性。

①创设生活情境。

生活是语言的源泉，在日语听力教学中，我们可以尝试把课堂变成一个浓缩的社会，寻找生活中的听力素材，让学生在模拟的情境中感受、知觉、记忆、思维。

②创设游戏情境。

游戏是一种有趣的学习方式，将听力教学内容与游戏形式相结合，不仅可以激发学生的学习兴趣和主动性，还能让他们在愉快的氛围中学习。在日语听力课堂上，教师可以播放一段听力材料，让学生辨认出材料中出现的日常生活用品，并让学生进行团队竞赛，轮流重复所听到的名词。这样不仅明确了听力教学的目标，还增强了趣味性，让学生在游戏中提高听力水平。同时，通过对所听到的语音进行重复，还能对日语发音进行正确引导。

（3）创设真实情境

教师可以让学生听取真实生活中的对话，让学生感受到日本社会的真实语言环境。例如，播放商店或餐厅的对话，让学生模拟场景，练习日常用语和口语表达。

（4）运用多媒体情境

近年来越发成熟的多媒体技术为听力教学提供了便利。运用多媒体技术，可以将声音、图像、动画和影像结合起来，创设真实、丰富和立体化的日语学习情境，让学生产生身临其境的感觉。例如，穿插日剧片段和流行日文歌曲，让学生了解不同语言环境中的日语表达方式和流行元素。

（5）利用角色情境

教师可以让学生模拟日语对话中的角色，进行日语训练。这需要学生理解文章内容，精细语法功能。

（五）直接教学法

1. 直接教学法的定义

直接教学法是一种以目的语为主要教学语言的教学方法，旨在通过实践交流来帮助学生习得语言。在这种教学方法中，母语和翻译不被使用，学生通过直接模仿教师的语言和动作来学习语言。这种方法需要教师和学生都具备较高的语言能力，同时需要适当的教学工具和课程设计。通过这种教学方法，学生可以更加直观、自然地学习语言，提高语言学习效果。因此，直接教学法被认为是一种高效的语言学习方法，但它也需要学生和教师的共同努力和付出。

2. 直接教学法的特点

直接教学法的主要特点是在课堂上只使用目的语，让学生通过大量的范例和语料自然归纳出语法规则。在这种教学法中，教师不依赖母语或其他语言进行解释和翻译，而是通过直观的教具、手势、戏剧效果等多种手段来帮助学生理解目的语的意义和语法结构。同时，教师注重单词的教学，将单词呈现在有意义的句子或段落中，以帮助学生自然使用并记忆单词。通过不断引导学生运用所学知识进行交流，教师可以确保学生将单词和语法规则储存在其活用字库中，而不是仅仅记住其表面意义。

此外，直接教学法认为外语学习者的语言认知能力与母语学习者相同，只是其语言储备量有限。因此，教师应该提供足够的日语范例和语料，让学生自然归纳出语法规则，并与母语学习者一样进行语法学习。这种学习方式可以帮助学生自动将所学知识转化为沟通过程中可以立即使用的资源。

（六）交际教学法

1. 交际教学法的定义

交际教学法是一种以语言功能为中心的教学法，旨在培养学生在特定的社交语境中有效地运用语言进行交际的能力。该教学法认为，学习语言规则的最终目的是在真实的交际场景中准确表达意思。因此，交际教学法注重培养学生的交际能力，使其能够在各种真实的社交场景中自如地运用所学语言，而不仅仅是掌握语法和词汇。在交际教学法中，教师应该注重学生的口语表达能力、交际技能以及语言学习策略，使其能够在实际生活中有效地应用所学语言。同时，该教学法也重视文化背景对语言的影响，鼓励学生了解并尊重不同的文化习惯和价值观。

2. 交际教学法的特点

交际教学法注重培养学生的交际能力，既注重语言的正确性，也要求语言的得体性。为此，教师应该选取真实自然的语言材料，创设接近真实交际的情境，通过大量的言语交际活动培养学生的交际能力。

交际教学法主张以话语为教学的基本单位，注重综合性技能训练，最终达到在交际中综合运用语言的目的。在学习过程中，应有一定的容忍度，鼓励学生发挥言语交际活动的主动性和积极性，不影响交际的错误能不纠正就不纠正。

教学过程应交际化，交际不仅是学习的目的，也是学习的手段，应将课堂交际活动与课外生活中的交际结合起来。教师应该采用多种教学手段，如教师用书、辅导读物、磁带、挂图、录像、电影、电视等。让学生身临其境地感受氛围，用日语进行交际，是交际教学的精髓。此外，交际教学应该以学生为中心，服务于学生的交际需要，针对不同专业的学生安排"专用语言"的教学。只有这样，才能真正达到培养学生交际能力的目的。

第三节　日语听力教学中文化导入的合作互动模式

一、文化导入概述

在中国,跨文化交际学的研究始于20世纪80年代初,自20世纪90年代以来,国内的日语教学工作者高度重视这一领域。学者陈岩在《谈日语教学的文化导入》一文中指出,跨文化交际的障碍主要表现在语言上,但是文化障碍也同样不容忽视。语言障碍相对容易克服,但克服文化障碍就不那么简单了。因此,在涉及文化导入的内容和方式方面,应该在词汇文化、礼节习惯、非语言行为方面给予学生"点到即止"的指导,将理解放在第一位。[①] 学者孙成岗在《日语教学中的文化干扰》一文中则认为,导致文化干扰的文化现象多是大众文化,如风土人情、风俗习惯、衣食住行等,而不是日本文化课所讲解的日本高级文化和深层文化。[②] 因此,在语言课中讲解文化是最有效的方法。虽然开设日本文化课很重要,但似乎难以起到立竿见影的效果。跨文化交际学研究的重要性已经得到广泛认可,教师需要在教学中将文化因素融入日语教学中,帮助学生更好地理解和运用日语。

综合学者的研究,我们可以得出以下关于文化导入的共识:日语教学应该将文化讲解与语言教学融合,主要着眼于词汇和句子的文化意义以及大众文化。在具体实践中,需要多种方法和手段的综合运用,如课堂讲解、视听媒介、词法讲解等。在此基础上,我们需要进一步探讨如何让学生更加主动地参与文化导入的过程。学生可以通过互相协作、交流和讨论的方式深入了解文化问题,教师可以在备课过程中搜集和整理相关的资料,鼓励学生利用网络技术进行信息收集和交流。最终目的是培养学生的跨文化交际能力,让他们能够在日语学习和实际交际中更加自如地运用语言。

二、跨文化交际视阈下日语听力教学新模式的构建

(一)课前任务布置

在日语听力教学中,加强文化信息的传授非常重要。教师应提前准备好相关文化知识点,并以条理清晰的方式进行讲解,以确保语用信息的准确输入。此外,

---

① 陈岩. 谈日语教学的文化导入 [J]. 外语与外语教学, 1997 (04): 35-38.
② 孙成岗. 日语教学中的文化干扰 [J]. 日语学习与研究, 1998 (01): 22-26.

视听媒介可以提供真实语境，教师应该充分利用现代化手段，如视频资源，来为学生提供真实的语境和场景，以便学生更好地理解和应用所学知识。

教师可以使用移动信息平台发布相关文化信息的讲解材料，并监督学生进行自主学习。同时，教师还可以将每节课所需视频的目录清单分配给小组，让学生进行搜集，以激发他们的视听兴趣。在课堂上，教师应引导学生进行实际的语言运用练习，提高学生的语言交际能力和跨文化交际能力。

总之，在日语听力教学中，教师应注重文化信息的传授，充分利用视听媒介等现代化手段，为学生提供真实的语境和场景。同时，教师还应引导学生进行实际的语言运用练习，以提高学生的语言交际能力和跨文化交际能力。

（二）课堂练习实施

在跨文化语用学的视角下，听力教学需要注重培养学生的语用能力。在课前任务中，学生应了解听力材料所涉及的语用知识和文化背景。在课堂上，教师可以通过视频或其他材料引导学生进入话题语境，并结合文化知识点设置提问或让学生发表感想，以便确认学生的理解程度。

在听力训练过程中，教师需要帮助学生正确理解听力文本的意义，并引导他们将所掌握的语用知识转化为正确的语用表达方式。教师需要对听力文本进行分析，预测学生可能出现的错误，并通过翻译或提问的方式来确认学生是否真正理解。课堂练习是学生将语用知识运用到实际会话理解的过程，教师需要明确语用知识点，提高学生的语用意识，并引导学生运用所掌握的语用知识正确理解会话的含义，避免跨文化语用失误。

（三）课后纠正反馈

在日语听力教学中，跨文化交际能力的培养是非常重要的。教师需要在课前对听力材料涉及的文化背景知识进行整理，以便在课堂上进行相关的教学指导。教师可以借助视听媒介等现代化手段，让学生直观地看到相关场景，深入了解文化现象。在听力训练过程中，教师需要引导学生将掌握的语用知识转化为正确的语用表达方式，并帮助他们理解听力文本的意义，避免跨文化语用失误。课堂练习是学生将语用知识运用到实际会话理解的过程，教师可以在课堂导入部分明确语用知识点，增强学生的语用意识。在课后纠正反馈环节，教师可以对学生在课堂练习中的语用失误进行分析并进行纠正性反馈，学生也可以自我反省，巩固语用知识的理解。

跨文化交际能力的培养不仅是认知层面上的学习语言知识和文化背景知识，

更包括感情和行为层面。教师需要培养学生积极迎接挑战的态度，以及对异文化的敏感度和包容性。在教学过程中，教师应该采用显性教学方式，将相关的文化知识导入课堂，帮助学生克服听力理解过程中的跨文化语用失误，培养语用意识。现代化移动教学平台为实现这一目标提供了很多便利，教师可以借助平台发布相关信息，学生可以进行随时性、碎片化和移动式的学习，实现课内、课外的有机结合。在这样的教学模式下，学生的合作精神得到了很好的培养，有效缓解了听力过程中的焦虑情绪，促进了学生语用能力的提高。

第四节　基于文化背景知识的日语听解能力的提升

一、中日文化障碍分析

自古以来，日本文化展现出了许多与中国文化相似的东方特色。然而，由于日本独特的民族性格、历史背景和地理环境等因素，它形成了自己独特的文化特征。这种文化差异在语言方面尤为明显，由于文化知识的差异导致了听力理解方面的障碍。接下来，将从三个方面对此进行分析。

（一）语意的差异

在日语听力中，词语的文化内涵对于学生的理解至关重要。汉字词在汉语和日语之间存在着相互借用和相互影响的情况，这就导致了一些汉字词在日语中的意义和用法与汉语词汇有所不同。学生往往会出现生搬硬套的情况，甚至会产生误解。以下分三类情况进行探讨。

1. 找不到一一对应词汇

一些词汇在不同的文化背景中具有不同的意义，这种文化差异给听力理解带来了挑战。例如，"农转非""希望工程"等词汇在中文中具有浓厚的中国文化特色，是在中国特定的历史条件下产生的。然而，在日本人的视角下，难以直接理解这些词汇的含义。同样的，在日语中，有一些词汇在中文中并不存在，更难以通过汉字来理解它们的意思。因此，在日语听力教学中，教师需要重点讲解这些具有文化内涵的词汇，并引导学生掌握正确的用法和意义。同时，通过对比不同文化背景下的同义词和近义词，让学生更全面地理解词汇的意义，提高听力理解能力。

2. 字符一致，意义不同

在日语中，有一些词汇与中文的意思完全不同。比如，"县"在日语中表示行政单位，而在中文中，"省"则表示行政单位的最高级别。同样，"亲友"在日语中表示要好的朋友，而在中文中则表示亲戚朋友。还有一些词汇如"事情、觉悟、爱人"等也有不同的意义。此外，虽然中国的传统节日"端午节"和"七夕"已经传入日本，但在日本其文化联想与中国大不相同。在中国，"端午节"是吃粽子、赛龙舟，让人想起了爱国诗人屈原；"七夕"则让人联想到牛郎织女的鹊桥相会。然而在日本，这两个节日与孩子们有关，前者是男孩节，家家户户插菖蒲、挂鲤鱼旗；后者是乞巧节，孩子们将写着心愿的纸条挂在竹子树上，据说这样能愿望成真。由于词汇和文化的差异，日语听力教学中需要特别注意让学生了解词汇的实际意义，同时通过介绍不同的文化背景，帮助学生更好地理解和运用所学知识。

3. 惯用语

惯用语是一个民族文化的重要组成部分，是几千年文化积淀的结果。不同国家和地区的惯用语在表达形式和历史渊源上都存在差异。比如，日语中的"油を売る"和中文中的"磨洋工"虽然意思大致相同，但表现形式完全不同，历史成因也不同。对于学生来说，理解和记忆不同语境下表示某种行为现象的音符是提高听解能力的重要一环。即使在日语听解过程中不知道"あぶらをうる"（音符）的意思，只要了解该音符的历史渊源和文化背景，就能很好地理解该词在文中的意义。

（二）表达习惯与行为方式的差异

提及日语的特点，不得不提到其表达方式的暧昧性。日语的语句简洁、表意含蓄、表达委婉，同时保留一定的余地。这种特点在日常会话中表现得非常明显，也成为日语听力考试的难点。例如，下面这段对话：

男：ねえ、田中先生って、なかなかいいじゃない。

女：まあ、若いのは若いし、スポーツもできるらしいけど、顔がちょっとね。

初学者可能会感到这段话说得不够清楚，不太明白其中的含义。实际上，这种表达方式省略了部分内容，但对话的双方都能理解其中的意思。日本人喜欢使用委婉、谨慎的语气来表达自己的意思，避免直截了当、尖锐的表达方式，让对方有更多的自由空间。

此外，中日两国在社会环境、生活习惯和行为方式上也存在很多不同之处，这也是需要关注的文化现象。例如，在日本，人们需要对垃圾进行分类投放，而且并不是每天都可以投放垃圾。但是在中国，这种约定俗成的行为习惯并不普遍存在。因此，如果仅凭借本国的文化习惯来理解日语中与"倒垃圾"有关的听力材料，可能会导致产生匪夷所思的结果。因此，学生在学习日语的同时，也需要了解诸如"单身赴任（单身前往他地工作）、残業（加班）、漫画、日本料理、お祭り（日本传统节日）"等带有浓厚日本文化特色的相关词汇。

（三）意识和价值观的差异

日本的独特地理环境和文化氛围塑造了日本民族的独特性格。从中国儒家思想传入日本后，经过多年的演变，形成了今天以"礼"为核心的日本儒家思想。这种思想在日本文化中被视为至高无上，以"和"为尊，并在日语中表现为独特的"敬语"特点。

例如，当询问中山先生是否收到了礼物时，李先生使用了"先生は何かくださいましたか"这种问法，而不是"中山さんは先生から何かいただきましたか"。这表明日本人习惯从"对方的角度"考虑问题，强调和谐相处的思想。此外，日本地处岛国，国土狭小，资源有限，地质环境不稳定。在远古时期，日本人需要共同狩猎才能维持生计，并且需要团结一心，共同应对各种不确定性和无常性的挑战。因此，日本民族形成了强烈的集体意识，团队精神也成为日本人的传统理念之一。

在这种理念下，日本各行各业的下级必须绝对服从上级，使用严格的敬语。敬语表现了日本文化的独特特色，也是让日语学习者感到最难以掌握的语言表达方式之一。因此，了解文化背景知识、掌握语言心理、增进理解，以及排除母语干扰都是学好日语、提高听力水平的必要前提。同时，利用文化背景知识作为线索来预测接下来的信息，推断主题，填补未知信息，也将有助于提高听力理解能力。

二、听力课程中文化导入应遵循的原则与方法

在日语听力课程中，应该注重文化导入的实用性、适度性、阶段性原则。实用性原则要求文化导入的内容必须与学生的日常生活和会话内容紧密结合，具有实际应用价值。适度性原则则要求文化导入的内容不宜过多、过于繁杂，应该着重传授学生易于接受的方面，如饮食、社会、科技等。阶段性原则则要求文化导入由易及难，符合学生接受的心理过程。

教师应该了解学生的文化背景差异，适度调整文化导入的内容，培养学生的跨文化交际能力，帮助学生了解日本文化，增强学生对日本文化的认知和理解。在学习日语的过程中，了解日本文化已经成为不可忽视的重要内容，只有深入了解日本文化，才能更好地掌握日语语言。

近年来，人们开始注重日语的交际功能和文化背景，逐渐将目光转向了语言的社会功能和外部条件。因此，在日语教学中，文化差异、跨文化交流等词汇频繁出现。了解日本文化已经成为影响我国日语教学水平提高的关键因素。因此，日语教学和研究应该从单一的语音、语法、词汇等方面向更广泛的领域拓展，注重日语的交际功能和外部条件，提高学生的跨文化交际能力，增强对日本文化的认知和理解。

第六章　日语阅读与写作教学策略研究

随着中日两国文化和经贸往来的不断增加，对能够熟练掌握日语的人才的需求也随之上升。然而，由于不同的文化背景存在着显著的差异，这对于实际的跨文化交流产生了一定的影响。因此，本章旨在探讨如何有效地培养学生的日语阅读和写作能力。

第一节　日语阅读教学概述

一、日语阅读教学的重要性

在人类信息交流的主要方式中，阅读理解对学生获取知识和发展智力具有重要作用。在高校日语教育中，培养学生较强的阅读能力是关键教学目标之一。同时，在我国各类考试中，阅读部分通常占 30% 以上的比重，因此提高阅读技能和水平显得尤为重要。阅读的重要性还体现在以下几个方面。

（一）阅读教学是获取信息的主要手段

在我国高校日语教育中，培养学生的阅读能力具有显著意义。这是因为其中一个核心目标就是培养通过日语获取先进的科学文化信息的人才。虽然语言信息交流可以通过口语和书面语两种形式进行，但受现实条件限制，未来大部分学生在使用日语交流时，主要还是通过阅读获取信息。另外，外语学习与母语习得的发展规律有所区别。在母语习得过程中，听说能力相对容易掌握，而在外语学习中，读写能力较为困难。这些差异表明，书面语对于学生获得更为复杂、精确和综合的信息更具可靠性，因此将阅读教学置于高校日语教育的核心位置是非常必要的。通过阅读，学生能够更好地理解和应用日语，提高其日语水平，同时也能更好地获取日本先进的科学文化信息，为未来的学习和发展打下坚实的基础。因此，高校日语教育应该更加注重阅读能力的培养，将其作为教学的核心。

（二）阅读教学是提高语言能力的重要基础

在日语学习中，阅读能力是提高听、说、读、写能力的基石。广泛阅读日语文本是撰写地道作文的关键，而正确的高声朗读是使口语流利的必要条件。然而，我们不得不承认，我国部分学生在口头和书面表达方面往往表现稚嫩、缺乏深度。这种结果与阅读教学不足或方法不当密切相关。因此，提高学生的阅读能力非常重要，不仅能够提高其写作能力，还能够提高其口头表达能力。通过阅读，学生能够学习到更多的词汇和表达方式，从而增强其日语能力和表达能力。同时，也需要注重正确的高声朗读，让学生更好地理解和应用日语。教师需要在教学中灵活运用各种教学方法和资源，培养学生的阅读兴趣和能力，从而使学生在口头和书面表达方面能够有更为突出的表现。

（三）阅读教学是语言知识的积累过程和文化知识的导入过程

在高校日语学习中，引入文化知识至关重要。尽管听说课和网络教学可以传授语言知识，但它们并不能充分承担文化教育的任务。听说课时间短暂，无法使学生深入了解文化内涵，而网络教学只能辅助，无法完全替代面授教学。相较之下，阅读教学能够通过分析课文中的文化知识、阐释文化内涵或指出文化规范，提高学生的文化素养。这样，学生就可以逐步增进对异域文化的理解，积累文化知识。

此外，高校日语教育应该以拓宽学生的视野和提高他们的素质为目标。阅读教学在这方面可以发挥更大的作用，因为它可以帮助学生更深入地了解文化，拓宽他们的视野，提高他们的综合素质。通过阅读，学生不仅可以了解日语语言本身，还可以了解与语言相关的文化、历史和社会背景，从而培养跨文化交流的能力。

因此，在高校日语教育中，阅读教学应该被放在重要位置。教师应该注重文化知识的传授，为学生提供多样化的阅读材料，引导他们深入思考和探究文化内涵，帮助他们拓宽视野，提高素质。这样，学生才能真正成为具有跨文化交流能力的优秀人才。

（四）阅读是一种交际手段

在高校日语教学中，阅读作为一种交际手段的意义常常被忽略。相比于教师和学生之间的交流，学生作为读者与作者之间的交流更加有意义。在传统教学中，我们强调语篇的独立性，忽略了阅读的交际属性。然而，语言的本质要求我们更应该把语篇看成过程而不是产品。因此，需要改变传统的阅读教学方法，以提高学生的语言和文化交际能力。

二、日语阅读教学的现状

在高校日语教学中，培养学生的阅读能力是非常重要的任务。阅读不仅可以帮助学生掌握语言知识和打好语言基础，还可以帮助他们获取信息。虽然阅读教学一直受到重视，但仍然存在一些问题需要解决，比如阅读量不足、教学方法单一等。因此，我们需要改变传统的阅读教学方法，采用更加科学的教学方法和手段，以提高学生的阅读能力，从而更好地实现日语教学的目标。

（一）学生自身的学习现状

1. 母语思维影响

中日两种语言存在巨大差异，表达方式各异，这是由文化和思维方式的差异导致的。因此，在日语阅读教学中，仅仅注重语言知识的讲解是不够的。教师应该注重帮助学生进行跨语言文化的思维训练，以帮助他们更好地理解和运用所学语言知识。这样，学生才能够逐渐适应并掌握日语的表达方式，更好地理解和运用所学语言知识。

2. 阅读习惯不良

阅读习惯在阅读学习中占有举足轻重的地位。每位学生的阅读习惯都具有独特性。良好的阅读习惯有助于学生在最短时间内获得关键或需求信息，从而提升阅读效率和效果。相反，不良的阅读习惯会妨碍学生获取信息，降低阅读效果。

3. 背景知识欠缺

学生是阅读教学的核心，他们的阅读能力如何是影响教学效果的主要因素之一。然而，目前学生在阅读方面存在的问题很大程度上限制了阅读教学的顺利实施。缺乏必要的背景知识是导致阅读困难的主要原因之一。

背景知识涵盖语言知识、文化背景知识和生活经验等。若学生缺乏日语文化背景知识，对日本的历史、地理、文化等了解不足，将直接影响他们的阅读理解能力，制约阅读教学的顺利进行。因此，教师应重视培养学生的文化修养，为他们提供丰富的背景知识，将其融入教学中，以促进学生日语阅读能力的提高。通过这种方式，学生能更好地理解日语文本，提高文化修养和阅读能力，进而达到更佳的学习效果。

（二）日语教师的教学现状

1. 教学机械化，缺乏创新

高校日语教学长期沿用传统的机械式教学法，包括课前预习、教师简要介绍、难点解释和提问、课后记忆等，但这种教学方法存在诸多不足。学生缺乏明确的学习目标，无法进行有效的课前预习。课堂上，教师始终处于主导地位，学生缺乏积极参与和互动的机会，无法真正掌握日语语言和文化知识。纯粹的理解性练习不能全面检验学生的理解能力和知识水平。

为解决这些问题，高校日语教学需采用更具创意和互动性的教学方法。首先，通过明确的学习目标来帮助学生有效地进行课前预习，确保他们能够充分理解和掌握教学内容。其次，课堂应更具互动性，鼓励学生参与讨论、组织小组活动和课外实践等，以提高学生的语言能力和文化修养。这样可以让学生更好地理解教学内容，提升自身的文化修养，增强阅读和听力能力。同时，教师还需要具备跨学科、跨文化的知识和能力，以帮助学生拓宽视野，提高理解和沟通能力，推动日语教学不断创新和进步。此外，教师可以通过多样化的教学手段，如数字化技术、创意性课程设计、多媒体教学和在线教学等，来提高教学效果和激发学生的兴趣。这些方法能够使教学内容更加生动有趣，从而激发学生的学习热情，提高他们的学习效果。同时，教师还应关注学生的个性化需求，根据他们的兴趣和特点进行有针对性的指导，帮助他们建立良好的阅读习惯，提高阅读能力。

2. 教学观念落后

当前，在我国的阅读教学中存在一些问题，部分教师仅关注词汇和句子的逐一解析，忽视了培养学生的阅读理解能力。阅读是一种关键的语言技能，可以提升学生分析、思考和判断的能力，激发学习兴趣，提高人文素养和拓宽视野。因此，教师应认识到阅读是主体性和个性化的行为，不能用自己的分析替代学生的阅读实践。教师应改变传统教学观念，给予学生更多自主阅读和实践的机会，帮助学生提升阅读水平，从而提高阅读教学质量。

（三）教学环境需要进一步改善

1. 课程设置不够合理

在日语教学中，阅读教学至关重要。然而，目前教材和课程设计存在一些问题。首先，教学目标和计划缺乏明确性，同时缺乏足够的课时和专业师资的支持，这使得阅读教学难以提升整体效果。其次，培养阅读能力是一个渐进过程，不同学习阶段应关注不同的方面。因此，日语教师应意识到这些问题，并努力改进，提高阅读教学的质量。

2. 教材设计不合理

日语教学中，教材设计对学生学习效果有着至关重要的影响。然而，目前我国的日语教材设计仍存在一些不足。特别是在大学日语教材方面，虽然强调阅读技能训练，但缺少内在的连贯性和完整性。这导致学生在学习过程中无法建立完整的知识体系和能力提升途径，同时在不同的学习阶段也缺乏有效的衔接和过渡。

为了解决这一问题，日语教材设计应注重连贯性和完整性。教材应根据学习规律和知识结构进行编排，使学生能够更好地掌握和运用所学知识。此外，在编写教材时，应充分考虑学生的学习特点和需求，适当增加实用性内容，以帮助学生更有效地掌握日语技能。只有这样，才能真正提升日语教学质量和学生的学习效果。

三、日语阅读教学遵循的原则

（一）激发兴趣原则

阅读不仅仅是被动地吸收信息，而是要求读者主动地筛选、归类和解读语篇的过程。这种互动性的交流过程须考虑读者的心理状态，如阅读目标、兴趣和积极性等因素。其中，阅读兴趣对于提升读者的阅读能力非常重要。如果读者对阅读内容有兴趣，阅读动机会更强烈，从而产生内在需求。因此，在阅读教学中，教师应重视学生阅读兴趣的培育。为了激发学生的阅读兴趣，教师需挑选与学生生活密切相关的阅读材料，在难度适当的情况下提供给学生。同时，教师应针对不同学生的能力和需求进行分层处理和评价阅读教学。此外，教师还应尽量减少让学生感到枯燥的课堂教学活动，增加有趣的阅读体验和互动环节。如果学生能够体验到阅读的乐趣和成就感，就会进一步激发阅读兴趣。

（二）真实性原则

交际教学法的核心是强调语言的交际性，其中真实性是交际性的基础。因此，在阅读教学中，也需要特别关注语言材料的真实性，以便让学生在阅读过程中感受到真实的语言使用情境。这样可以提高学生对语言材料的理解和应用能力，从而更好地培养学生的交际能力。教学的真实性包括三个方面的含义：

1.阅读材料的真实性

挑选阅读材料时，应考虑学生的实际需求，选择能反映学生生活实际的文体丰富、适合学生语言水平、能引发学生兴趣的阅读材料。

2.阅读目的的真实性

在阅读过程中，人们会根据不同的阅读目标选择阅读策略和方法。不同的阅读目标需要使用不同的阅读技巧和方法来实现。例如，如果一个人想了解某个历史事件的详细情况，他就需要对相关的历史资料进行系统的阅读和分析；而如果一个人只是为了娱乐消遣，那么他可能会选择轻松有趣的小说或故事来阅读。因此，了解自己的阅读目标是进行有效阅读的前提，只有在确定了阅读目标之后，才能选择合适的阅读方法，有针对性地进行阅读，并获取所需的信息和知识。

3.阅读方法的真实性

学生在进行阅读活动时，应根据其阅读目标和文章类型选择适当的阅读方式，而教师在进行阅读教学时，也应关注阅读方式的真实性。教师应采用"先理解，后语言点"的模式，重视学生对文章内容的理解，而不是过分关注语言知识的讲解。过分关注语言知识而忽略理解，将使学生在阅读中失去兴趣，进而影响其阅读能力的提高。因此，教师应关注阅读教学的基本规律，合理安排教学内容和教学方法，使学生能够更好地理解和运用语言，从而提高其阅读能力和交际能力。

（三）多维互动原则

阅读是一个复杂的过程，其中互动是非常重要的原则之一。这种互动包括学生与文本的互动、师生之间的互动、同伴之间的互动以及课程目标的综合互动。学生通过与文本互动，预测文本内容，并从中获取信息和知识。师生之间的互动是平等的交流，教师是学生阅读的辅助者和引导者，鼓励学生积极参与讨论和分享，激发他们的阅读兴趣。同伴之间的互动可以促进学生之间的交流和合作，提高他们的语言交际能力。课程目标的综合互动可以帮助学生在阅读课中综合发展多种技能和能力，包括语言学习、综合技能、策略培养、文化感悟、智力提高和人格发展等多个目标。在阅读教学中，采用互动的教学方式是非常重要的，可以激发学生的阅读兴趣和主动性，促进他们交际能力的发展。

（四）信息、语言并重原则

阅读教学的目标不仅仅是激发学生的阅读兴趣，更应该注重提高学生信息获取和语言学习的能力。在日语教学中，阅读能力的提高不仅需要通过阅读活动来实现，还需要积累丰富的语言知识。因此，阅读课不应只关注阅读技巧和信息获取，还应注重重要的词汇、句式、惯用法等语言知识的学习。如果必要，可以单独挑选语言片段进行理解和消化。当然，在平衡信息获取和语言积累的同时，阅读课的重点应该放在具体语境中理解文本意义上，而不是把阅读活动分解成孤立的字、词、句等部分。因此，阅读教学需要采用综合的教学方法，使学生在阅读中不仅能获得信息，还能增强语言学习能力。

（五）速度、效率并重原则

阅读教学的目标是提高学生的阅读能力，包括阅读速度和理解准确性。然而，理解文章的意义是最重要的，因为快速阅读但不能理解文章等同于未读。阅读教学评估应同时考虑理解准确性和阅读速度，因为两者相互依存，缺一不可。传统教学法注重理解准确性，而忽视阅读速度。而认同交际教学法的人认为阅读速度应优先于理解准确性。我们认为这两种方法都有缺陷。阅读教学应该同时强调理解准确性和阅读速度。只注重速度而不理解文章意义是无意义的，因为我们无法获得有效信息。而只强调理解准确性而不追求阅读速度也无法有效提高阅读理解能力。阅读教学应该平衡速度和效率之间的关系，提高学生的阅读理解能力。

四、日语阅读教学的策略

阅读教学的目标是培养学生的阅读能力，而阅读能力的成功与否取决于教学策略的有效性。有效的阅读教学策略包括正确采用模式、合理处理阅读过程、规律性评估阅读理解和科学应用阅读技巧。针对阅读过程中的读前、读中和读后三个阶段，我们需要探讨具体的阅读教学策略。

（一）读前策略

在读前教学阶段，教师应帮助学生建立正确的阅读目标，提高阅读效率和质量。为此，可以采用以下教学策略：

①激发学生的阅读兴趣：通过引入有趣的话题或与学生生活相关的内容，激发学生的阅读兴趣。

②引导学生思考文章话题：在阅读前，教师可以让学生对文章的主题进行讨论和思考，为接下来的阅读活动做好准备。

③介绍相关的背景知识：帮助学生了解文章所涉及的背景知识，从而更好地理解文章内容。

④学习关键词汇和短语：教师可以指导学生学习文章中的关键词汇和短语，帮助他们消除阅读语言障碍。

⑤预测文章主题或相关内容：教师可让学生根据标题和段落首句进行文章内容的预测，提高阅读效果。

（二）读中策略

在阅读教学的读中阶段，学生将面临挑战并发掘阅读中的技能和方法。为提高阅读能力，教师可采用以下策略：

①全文略读：让学生快速浏览全文，获取大致的文章结构和主旨。

②查找特定信息：指导学生在文章中寻找特定的信息，如细节、观点等。

③分析段落和句子结构：教师可引导学生分析文章的段落和句子结构，帮助他们理解文章的组织方式。

④总结段落主旨：让学生总结每个段落的主要内容，以便于理解整篇文章的逻辑关系。

⑤推断词义和作者的意图：指导学生通过上下文推断生词的意义，理解作者的意图。

（三）读后策略

读后阶段是阅读教学的重要环节，有助于学生巩固和拓展阅读成果。为提高阅读技能，教师可采用以下教学活动：

①复述课文内容：让学生用自己的话复述文章的主要内容，加深对文章的理解。

②讨论文中话题：组织学生进行小组讨论，分享对文章内容的理解和感受。

③描述经历：鼓励学生结合自己的经历，分享与文章相关的个人见解和体会，从而加深对文章主题的理解。

④缩写仿写：指导学生根据文章内容进行缩写或仿写练习，帮助他们掌握文章的写作技巧和结构。

⑤撰写读后感：让学生撰写读后感，表达他们对文章的感悟和思考，从而加深对文本的理解。

⑥写作文或作品：鼓励学生基于文章主题创作短文、故事或其他作品，以提高写作能力和创造力。

第二节　文化符号学下的日语阅读教学

一、文化符号学

分析外语阅读教学中的文化符号学，需要先掌握符号化形式的构建和如何运用文化符号学来提高学生的符号化阅读能力。这意味着要深入了解文化符号学在外语阅读教学中的应用，以便更好地帮助学生掌握符号化阅读技能。

（一）符号在阅读中的表现形式

文化符号学是研究文化符号及其所表达意义的学科。符号是文化传递和交流的基本单位，是研究社会和文化现象的重要工具。符号有静态和动态两种解释方式。静态解释是指每个文化符号都有自己的所指和能指。所指是概念，能指则是语言所表达的声音印象，符号将二者有机联系在一起。动态解释将每个文化符号分为表征、标物和注释三个部分，并展现它们之间的互动关系，从而将文化符号学的静态解释转化为一种动态概念。表征指符号所具有的意义，标物指符号所指的对象，注释则是人们对符号的理解和解释。动态解释有助于理解文化符号的复杂性，展现出它们的多重意义和在不同文化背景下的变化。这种理解对于文化研究和跨文化交流具有重要意义。

符号、能指和所指之间密不可分，它们共同构成符号表意的第一层次。但这仅仅是符号文化形式的基础。符号也可以被视为第二层次的所指，从而形成新的符号形式。因此，符号文化形式是在社会共同建构的意义和解释下形成的，不是任意的。这是文化符号学的一个显著特征。总之，符号是复杂的文化构造，需要深入研究其内部关系和外部影响，才能理解其所承载的意义。

（二）培养学生阅读符号的能力

学生学习日语阅读时，需要具备识读符号、理解含义和语境、解释语言文化关系等基本能力。因为在日语中，一个词语可能有多种含义，需要根据具体语境理解其意思。此外，学生还需要发展社会认知能力，将语言学习与实际社会实践相结合。只有在实践中，才能真正认识到语言的实际应用，将其与社会实践联系起来。因此，学生需要不断提高自己的语义和解释能力，将语言学习应用到实践中，以便更好地掌握日语阅读技能。以上就是学生学习日语阅读所需的能力和方法。

二、文化符号在跨文化交际中的应用

为了消除跨文化交际中的障碍，人们需要共享编码和译码系统，或共同遵循信息解释规范。这有助于语言和非语言符号之间的交流。在交际领域中，这种共享可以提高沟通的有效性。

（一）语言符号在跨文化交际中的应用

信息的编码不仅仅包括符号信息的表达，还包含大量的文化信息。因此，在跨文化交际中，必须对语言符号进行编码和解码。解码的过程可能会受到原始编码中隐含的文化信息的影响，甚至可能导致意义的改变。例如，"回头见"这个词，在日语中翻译为"じゃ、（また）又（あ）会おう"。在中国，任何人都可以使用这个词，但在日本，他们认为这种说法只适用于男性。在日语阅读教学中，教师需要不断提醒学生注意跨文化交际中不能随意将自己文化的语义套用到日语中，否则会适得其反。因此，日语阅读教学应该遵循文化符号学的思想，引导学生进行多次实例思考，并鼓励他们在课外阅读中深入了解语言和文化，以提高交际效果。这样，学生才能更好地理解日语，并更好地融入日本文化。

（二）非语言符号在跨文化交际中的应用

在人际交往中，语言和非语言符号都扮演着至关重要的角色。有时候，语言符号可能无法完全表达信息，因此需要借助非语言符号来传递更加丰富和准确的信息。实际上，非语言符号可以替代语言符号，更加有效地传递信息，因此在交际中同样重要。据心理学家梅拉宾的研究，传达信息的总效果中，声音占 38%，词语占 7%，而面部表情则占据了 55% 的重要地位。这项研究结果将声音和非语言符号紧密联系在一起，同时也证明了非语言符号在交际中的重要性。

三、文化符号学在日语阅读教学中的应用

从上面可以看出，文化符号学在交际中占据着重要的作用。而阅读是培养学生交际能力的一个重要方面，必须在文化符号学下加强日语阅读教学。

（一）日语阅读教学的现状

在日语阅读教学中，师生互动是知识传递和价值升华的关键，构成了教学的符号系统。然而，部分教师存在缺乏互动和讲台独自授课的问题，这不仅效果不

佳，也难以激发学生的兴趣。因此，我们应该注重教学中的互动和学生的参与，鼓励他们积极完成任务。通过这样的方式，日语阅读教学会变得更加生动、有趣和有效。

①在日语阅读教学中，通常采用大课堂授课的方式。这样的方式限制了教师发挥阅读教学的真正作用，即使课堂和教学安排经过精心设计。随着班级规模的扩大，师生之间的互动变得越来越困难，教师难以有效组织课堂和引导学生发言，从而影响了教学效果。

②如今，各行各业都越来越细分，这对于学习日语专业的学生来说是一大挑战。这种趋势不仅降低了日语专业学生的热情，还对其未来发展带来了负面影响。相反的是，其他相关专业也开始提供日语课程，比如中文专业也开始教授日语。这些学生毕业后具备更多技能，成为更全面的综合性人才。而纯粹学习日语的学生则只掌握了一种技能，即擅长说日语，这在竞争激烈的就业市场上难以立足。为了应对这一趋势，学生可以选择学习其他相关领域的知识，如商务、旅游、翻译等，以提升自身的竞争力。同时，日语专业也可以调整课程设置，增加相关领域的内容，使学生掌握更广泛的知识和技能。这样不仅能满足市场需求，也可以为学生的未来发展打下坚实的基础。

③随着教育产业的不断发展，有些人错误地认为学习日语阅读只需要理解和记忆一些文化符号，这是一种谬见。事实上，日语不仅是一种语言，还是一个涵盖丰富文化和历史背景的体系。如果学生只关注于符号的记忆，那么他们将无法真正理解日语所包含的文化和历史，也难以掌握日语阅读技能。因此，在学习日语阅读的过程中，我们应该注重培养学生对日本文化和历史的理解，通过掌握日语的语法、词汇和语境，全面掌握日语阅读技能。

（二）文化符号学应用于日语阅读教学

日语专业的阅读课程逐渐成为许多学校的基础课程，因为社会对日语人才的需求量增加，对阅读教学的关注和评价也随之增加。

1. 建立参与式的阅读教学

为了创造积极的学术环境，日语阅读教学必须重视师生互动和文化创造。学生需要从创造性角度去理解文本，同时也要从阅读的背景和价值转换等方面进行深入理解和分析。符号化阅读是必不可少的教学方法。教学应以学生为中心，采用跨文化的教学模式，让学生深入文化，成为文化的参与者。只有通过这种参与式的阅读教学，学生才能够深入理解日语文化的精髓，追本溯源，真正领悟日语阅读的内涵。

2.合理把握尺度

在日语阅读教学中，合理地运用文化符号和教学符号是非常重要的。我们需要在使用时把握尺度，既不能滥用也不能不用。这样才能有效地培养学生的阅读能力，并帮助他们更好地理解日本文化。只有正确地处理这些符号，才能实现培养学生创造日语文化的真正目的。因此，我们应该注重教学中对这些符号的解释和引导，以便学生能够更好地掌握它们的含义和用法。

第一，我们应该避免学生过度依赖习题的问题，减弱日语教材习题的作用。这并不意味着完全否定习题的重要性，而是在教学过程中与学生一起探讨重点问题，以提高他们的阅读理解能力。

第二，我们应该鼓励学生根据自己的基础和预习理解的程度，自主构建与日语相关的阅读任务，并通过交叉式互动来检验彼此的理解。举个例子，当学生阅读到"お（いえ）家の（みな）皆（さま）様によろしく（向家中各位问好）"这句话时，我们可以让学生扮演家庭中不同的角色，互相进行问答。这样能够有效提高学生的阅读能力和语言理解能力，同时也让学习变得更加有趣。

通过采用文化符号学的阅读教学方法，我们可以正确引导学生参与日语阅读理解，并使他们能够正确运用各种文化符号。这将有助于优化日语阅读教学过程，提高日语阅读理解的深度，摆脱过去单纯以题目解析文本的方式。只有这样，我们才能真正达成培养学生创造日语文化的目标。

四、日语阅读能力的培养

（一）帮助大学生克服日语学习障碍

1.鼓励大学生，让大学生走出心理舒适区

当大学生在学习日语时遇到心理障碍时，教师需要给予鼓励和帮助，以帮助他们克服恐惧，勇敢地开口说日语。此外，从跨文化交际的角度出发，教师还应该提供更多的跨文化交流机会，如让学生讨论中外文化的差异以及中国文化和外国文化的优缺点等，从文化学习的角度来帮助大学生克服日语学习障碍。这种教学方法不仅可以帮助学生更好地了解日语背后的文化背景，还可以激发他们的学习兴趣和动力。最重要的是，教师需要持续关注和支持学生的学习过程，帮助他们克服学习中遇到的困难和挫折，实现日语学习的目标。总之，教师应

该以鼓励和帮助为核心，以跨文化交流为手段，帮助学生克服心理障碍，提高日语学习效果。

2. 提高大学生的日语学习兴趣

大学生学习日语的动力通常可以分为两类：一是对日语语言魅力的追求，二是对阅读感兴趣。为了激发学生的学习兴趣，教师可以让学生聆听经典的日语演讲和名曲，感受日语的魅力；同时也可以引导学生阅读有趣的日语短文，如反映外国文化的笑话、寓言、童话和典故等。从跨文化交际的角度来看，教师应该将这两种兴趣与日语学习相结合，培养学生的跨文化交际能力和文化意识。这样可以帮助学生更好地了解和理解日本文化，提高他们的日语水平和自信心。

（二）帮助大学生改正不良的学习习惯

第一，为了提升大学生的日语阅读能力和跨文化交际技能，教师需要搜集并整理丰富的课外素材，包括涵盖外国文化的经典文章。通过阅读这些文章，学生可以感受到日语语言的魅力，并进一步了解外国文化，提高日语阅读水平。同时，教师还应帮助学生理解外国文化与中国文化之间的差异与相似之处，促进跨文化交际技能的发展。这样，学生不仅可以提高日语水平，还能深入了解外国文化，增强跨文化交际能力。

第二，写日语日记是提高大学生日语阅读能力的有效方法。日记写作可以帮助他们提升日语写作技能，增进对外国文化的理解，以及培养跨文化日语阅读能力。教师应该引导学生选择与外国文化相关的话题，并鼓励他们按照外语交流的特点进行内容的撰写。同时，教师还应注重培养学生的语言组织能力、语言理解能力和语言默读技巧。通过这些努力，大学生将更加熟练地掌握日语，并更好地了解和适应不同的文化背景。

第三，阅读外国报纸和杂志是了解外国文化的最佳途径之一，也是提高大学生日语阅读和跨文化交际能力的有效方法。为此，教师应该减轻学生的课业压力，确保他们有充足的时间和精力来进行阅读，并指导他们培养良好的阅读习惯和自我管理能力。通过阅读外国报纸和杂志，大学生不仅可以了解外国文化，还可以增进对外语语言的掌握。同时，教师可以分享自己的阅读经验，帮助学生更好地理解外国文化，拓展他们的国际视野。总之，阅读外国报纸和杂志对于大学生提高日语阅读能力和跨文化交际能力具有重要的意义。

（三）跨文化视野下教师应做出的教学转变

1. 采用任务驱动教学法

任务驱动教学法是一种现代化的教学方法，以大学生为课堂中心，将整个日语阅读过程分解成若干个"任务"，并按照一定顺序引导学生以任务的形式进行学习活动。在跨文化交际的视角下，学生的日语阅读过程变成了深入了解文化的过程。教师按照一定的阅读步骤引导学生，帮助他们在了解文化的过程中提高阅读能力。最终，学生能够通过这种方法更好地理解文化，提升阅读能力。

2. 采用新方法测验大学生的跨文化日语阅读能力

检测大学生跨文化日语阅读能力不是一张试卷就能看见成效的，教师应该避免过于重视成绩和考试，而是采用辩论、演讲、模拟对话等方式来评测。此外，教师还需要根据不同学生的学习情况，制定相应的评测标准，以更客观地评估其跨文化日语阅读能力。

3. 开设日语文化讲座

在现今的大学教育中，学生拥有充足的时间去参加各种讲座，因此教师可以利用这一机会经常举办一些有关日语文化的讲座。在这些讲座中，可以邀请外国留学生和外教分享他们的生活经历，讲解他们国家的文化、风俗习惯和社交礼仪，从而帮助大学生更好地了解外国文化的表现和内涵。为了提高大学生的跨文化交际能力，讲座中可以增加一些互动性强的节目，促进大学生与留学生和外教的沟通和交流。这样的活动不仅可以提高大学生的文化素养，也可以促进不同文化之间的交流和融合，对于培养具有国际视野和跨文化交际能力的优秀人才具有重要意义。

4. 举办读书会

大学中现在流行着各式各样的读书会，为学生提供在学习之余增加阅读量、开阔视野和提升文化修养的机会。教师可定期或不定期组织读书会，鼓励学生自行介绍有关中国和外国文化的书籍。在读书过程中，应加强学生间的沟通交流，如"大家一起读"和"书籍交换阅读"，以便学生接触更多不同文化的书籍，提高其日语阅读能力。这样的读书会有助于学生的全面发展。

第三节 跨文化背景下日语写作教学的策略

一、日语写作教学的方法

（一）交互式教学法

1. 交互式教学法的特征

（1）以学生的兴趣导向、行为能力为教学活动核心目标

在交互式教学法中，教师的重点是关注学生的主体性和自主性，鼓励他们积极参与课堂教学，并充分发挥自我意识，自觉地学习。为此，教师应该与学生进行沟通，了解他们的兴趣和需求，以便为他们设计符合实际生活和现实社会的教学情境，从而激发他们的学习兴趣和学习热情。

在交互式教学法中，教学内容应该紧密贴近学生的实际生活，提高他们对知识的认识，并帮助他们建立新旧知识之间的联系。此外，教师还应该通过多种教学手段和方法，如提出问题、制作模型、提供解决方案等，引导学生进行互动和合作，共同完成任务。在这个过程中，教师的角色是引导和帮助学生，并在必要的时候进行总结。

为了实现交互式学习的目标，教师和学生都应该认真搜集相关资料信息，制订教学计划，利用各种学习渠道和课堂内外的学习资源，不断提高学习技能。这种学习方式能够激发学生的自主性和积极性，提高他们的学习效果，同时也能够帮助教师更好地了解学生的学习状况和需求，从而更好地开展教学工作。

（2）教学内容设置的情境化、实用性

在交互式教学法中，教师必须创设出适合的教学情境，以提高学生的学习兴趣和效果。为此，教学情境应该具备两个基本特点。首先，教学情境应该能够激发学生的学习热情和兴趣，让学生积极参与教学活动，并主动探究问题和解决难题。其次，教学情境应该与学生的实际生活和社会现实紧密结合，帮助他们建立知识与现实之间的联系，提高实际应用能力。

在教学设计中，教师应该注重教学情境的创设，将教学内容与学生的实际生活紧密结合起来，以便学生更容易理解和掌握知识。例如，在日语写作课堂中，教师可以结合学生的日常生活，引导学生以小组为单位进行写作，让学生更好地

掌握日语表达能力，并将所学知识应用到实际生活中。这样，学生可以在实践中更好地理解和掌握知识，从而提高学习效果。

（3）学习过程的自主性、协作性

交互式教学法重视学生的主体性和自主性，鼓励学生在教学过程中积极发挥主观能动性。教师在其中扮演的角色是学生学习的引导者和监督者，通过创建良好的学习环境，促进学生之间以及学生与教学资源之间的互动和合作。

在交互式教学法中，教师需要将学习主体性还给学生，让他们充分发挥自我意识，自主地进行学习。与传统教学不同，交互式教学法强调学生以小组为单位进行协作，共同制订项目计划并完成任务，从而激发学生的合作意识，增强与他人的互动交流，通过思考、探讨、沟通，发现并解决问题。学生在学习过程中不是被动接受和记忆知识，而是积极地构建和应用知识。

同时，教师还应该注意教学活动的情境设置，尽可能符合学生的兴趣和实际生活，帮助学生建立新旧知识之间的联系。这样，学生能够更好地获得经验和培养能力，提高综合素质和实际应用能力。

在教学评价方面，教师应该采用多元化的评价方式，注重学生的过程评价和自我评价，确保教学效果的有效实现。通过交互式学习，学生可以更好地掌握知识，同时提高实际应用能力和综合素质。教师作为学生学习的引导者和监督者，通过创造合适的学习环境和促进学生的互动合作，能够更好地实现教学目标。

2. 交互式教学法在日语写作课中的实施环节

（1）目标内容设计环节

在交互式教学法中，教学目标是教学活动的关键所在。在日语写作课程中，教师需要设计清晰、可操作的教学目标。

为了实现教学目标，教师需要深入研究教材，确定合适的写作任务和问题，并设计具有开放性和启发性的教学方法，以激发学生的写作兴趣和主动性，培养学生的观察和分析能力。教师可以运用多种多样的教学资源和手段，如使用视频材料进行谈论式写作，引导学生观看视频并进行讨论；使用图片资料进行看图作文，激发学生的想象；还可以让学生以小组形式合作完成写作任务，注重学生之间的相互交流和合作，以及鼓励学生展开讨论和分享见解。教师需要根据不同的教学场景和学生特点进行选择和使用，确保教学效果最大化。

在实现教学目标的同时，教师还应该注重培养学生的沟通能力，通过交互式学习的形式，让学生在小组之间进行协作，共同解决问题，达成共识。在这个过程中，学生可以更好地理解和应用所学知识，并提高与他人沟通交流的能力。同时，教师还应该注重学生的反思和自我评价，通过多元化的评价方式，了解学生的学习状况和需求，从而更好地调整教学策略，实现教学目标。

（2）写作前的热身准备及导入工作

在日语写作课程中，教师的导入工作至关重要，因为它为后续的学习打下了基础。教师可以通过使用多媒体资源，如图片和文字，向学生展示与本次写作相关的话题和目标，简要介绍后续任务的主要内容，并让学生进行一定的语言练习活动以熟悉相关内容。这个环节的时间不应过长，应该根据实际情况适当调整。

在选择写作题材时，教师应该考虑到学生的实际生活和学习需求，根据学生的能力水平选择合适的篇目或阅读资料，并要求学生在 20 分钟内完成阅读。学生在阅读过程中可以使用"问题单"式的方式列出在写作时关注的问题或内容。教师还可以引入日语写作策略技巧，如语类教学法、范文讨论法等，让学生掌握写作技巧和方法。语类教学法是指根据语言学的分类原则，将语言按照相应的规律和特点进行分类，让学生了解不同语言类型的特点和用法，从而更好地掌握日语写作技巧。例如，通过比较不同语言类型的文章，让学生了解各种语言类型的特点和表达方式，进而掌握日语写作的方法和技巧。

其次，教师可以将学生分成小组，一般 4～5 人比较合适，并采取异质分组。这样可以让学生在小组内相互协作、共同完成写作任务，激发学生的合作意识。在这个过程中，教师可以适时地提供指导和帮助，但同时也要给予学生足够的自主权和决策权，充分发挥学生的主体性和自主性。

通过这样的教学设计，学生可以在小组内展开讨论，分享思路和经验，相互学习和帮助。在写作过程中，学生可以互相检查和修改，提高写作质量和效率。同时，教师可以根据学生的不同情况和需要，灵活调整教学策略，让每一个学生都能得到有效的指导和帮助，最终实现教学目标。

（3）课堂内容设计环节

在交互式教学法中，教师要引导学生自主构建知识、发现问题和解决问题，从而成为学习的主人。在日语写作课堂中，教师可以采用渐进式的方式来进行教学，利用多媒体资源，如展示范文的 PPT，并分析其语言特点，帮助学生掌握相关日语句型、重点词汇、优美段落、范例等内容。为了减少教师的授课时间，增加学生的自主学习时间，教师应该通过讨论、思考和沟通等方式引导学生自主发现问题，并鼓励学生在完成初稿后进行认真推敲和核实。此外，教师还应该组织小组进行互相检查，包括助词、词语、标点符号等方面的使用，从而激发学生日语写作的兴趣，培养学生的自主写作意识和小组协作能力。为了达到降低抄袭的目标，教师可以采用多种方式，如让学生使用原创性检测工具，注重教育学生具有知识产权意识，并加强对学生写作的指导和评价，以确保教学效果的实现。

3. 交互式教学法在日语写作教学中实施的注意事项

（1）教师的角色和作用

在交互式教学法中，教师起到了至关重要的作用，他们需要引导、监督和启发学生的学习，帮助学生更好地理解和掌握学习内容。在日语写作课程中，采用交互式教学法，教师应该成为学生的引导者和监督者，通过灵活的教学策略和模式，激发学生的写作主动性和动力。

教师应该在课前选择材料，组织交际活动，使学生获得必要的知识和技能。通过具体的写作活动，激发学生的写作兴趣，提高学生的写作能力。同时，教师应该了解学生的写作需求，分析学生的学习和写作需求，有针对性地进行课堂教学设计，引导学生积极思考，寻求解答，不断激发学生日语写作的兴趣。

在讲解过程中，教师应该注意详略得当、节奏张弛有度，充分利用有限的课堂写作时间。通过引导学生积极思考，让他们获得新知识，并体验到写作的乐趣，从而激发他们的求知欲望。教师还应该采用多元化的评价方式，并贯穿整个活动过程，以形成性和终结性评价为主，从而促进学生的进步和提高他们的写作能力。

（2）学生的评价过程

在运用交互式教学法的过程中，教师应该采用多元化的评价方式，以连续评价的方式对学生的表现和学习情况进行评价。教师可以从读者的角度出发，给予学生写作作品的反馈意见，并制定相应的评价标准和等级标准。在完成学习任务的过程中，教师可以评估学生是否掌握了规定的知识内容或技能并能够应用于实践，以及他们在问题发现和小组协作方面的能力是否得到提升等。评价结果可以分为优秀、良好、中等、合格和较差等级。

为了确保学习达到理想效果，教师应该在整个活动过程中贯穿评价，并采用自评和他评相结合的方式进行形成性和终结性评价，同时结合个人和小组互评。在评价学生时，教师应该采用多层次的评价标准来衡量不同学生的表现，并根据实际情况进行灵活调整。例如，在评估学生的日语学习效果时，可以从学生的课堂学习表现、小测试中的表现、在完成教师布置作业中的协作学习主动性，以及学生在第二课堂活动中的创新表现等方面进行评价。这样可以更全面地评估学生的表现，并为学生提供更加个性化的评价和建议。

此外，在评价方式上，教师应该尽量采用多样化的方法，包括口头评价、书面评价、小组评价和个人自评等方式，为学生提供不同的反馈渠道和形式。在评价标准上，教师应该注意综合考虑学生的学科知识、思维能力、实践能力、交流能力和团队协作能力等方面，并将评价标准在课前向学生明确公布，让学生知道达到优秀和良好的评价标准。

（二）过程教学法

过程教学法起源于 20 世纪 60 年代的美国第一语言教学。它将写作视为一个认知过程，学生需要独立思考、收集材料、组织材料，并从中发现规律、掌握原理，从而创造性地运用语言知识写出好的文章。过程教学法强调学生主动探索、思考和表达，尊重学生的主体性，通过小组讨论和多次评改来促进学生与教师之间的交流和合作。教师在这个过程中扮演着监控者和指导者的角色，为学生创设适当、自然的交际环境，使教学过程更加生动、情境化。过程教学法注重学生的自我发展和自我完善，有利于提高学生的写作水平和交际能力，与传统的结果教学法相比更具有优势。

（三）口语训练法

1.运用口语训练法推动日语写作教学的前提

（1）日语写作教学改革的推动

作为日语学习的重要技能之一，写作被广泛地纳入日语专业必修课程中。然而，传统的日语写作教学方式往往局限于教师提供理论知识和例文，要求学生在此基础上进行模仿和创作，这种方式限制了学生的思维和创造力，使得课堂显得单调和乏味。因此，进行日语写作教学的改革已成为必要的举措。

（2）各种教学理念和方法不断出现

日语写作教学领域已经形成了许多优秀的教学理念和方法，这些方法可以在教学实践中被教师和学生所采用。例如，一些教师提出了口头叙述锻炼日语思维的有效方法、化整为零的教学法，以及阶段式教学法，这些方法都能够帮助学生逐步提高写作能力和积累写作经验。同时，深入了解日本文化也是提高写作水平的重要途径之一，这可以帮助学生更好地理解和运用日语表达方式，从而写出更为地道和符合语境的文章。此外，口语训练也是提高日语写作效率的有效方法之一，它可以激发学生的想象力，增强写作信心。

2.口语训练法在日语写作中的教学实践

（1）通过使用流行的文化元素丰富日语表达的多样性

为了评估口语训练对日语写作教学的影响，可以采用多种不同形式的口语训练方法。其中一种方法是使用流行的文化元素来丰富日语表达的多样性，例如音乐、电影和电视剧等。这些文化元素广泛地存在于学生的生活中，并且与学生的兴趣和爱好紧密相关，因此能够激发学生的学习兴趣和积极性，提高他们的口语能力。通过模仿和练习这些流行文化元素中的经典语句和口语表达，学生可以逐渐熟练掌握日语的语言规则和表达方式，从而在日语写作方面取得更好的效果。此外，教师还可以通过组织口语训练活动，如角色扮演、小组讨论和互动表演等，鼓励学生自信地运用日语进行口语交流，从而提高他们的口语流利度和表达能力，为日语写作能力的提高打下坚实的基础。

（2）通过朗诵和即兴演讲提高日语表达的准确性

阅读日本的美文可以有效地提高学生的日语表达和思维能力，因为这些文章通常表达了作者对生活中微小事物的感悟。在日语写作课程的后期，教师可以采用展示美文的形式，让学生分成小组，展示他们所喜欢的日语美文，并与其他同学一起分析该文章的特点和亮点，从而更好地学习和模仿其日语表达和构思方式。这种教学方法不仅能够帮助学生掌握日语写作技能，还能够深入了解和欣赏日本的文化，使学生提高对日本文化的认知。在展示美文的过程中，教师可以引导学生从语言的层面和内容的层面进行分析，让学生更好地理解作者的写作意图和表达方式。此外，教师还可以通过提供相关背景知识和文化背景，帮助学生更好地理解和欣赏文章。通过这种方式，学生可以深入了解日本的文化和思想，从而更好地表达自己的观点和思想，提高自己的写作水平和能力。

二、跨文化交际视角下日语写作教学的策略

（一）加大对学生的语言输入力度

提供高质量的语言输入是促进学生语言习得的关键。阅读是其中一种有效的方式，让学生接触到足够的、有趣的、与其相关的目的语。在教学中，教师应该引导学生仔细揣摩词汇的用法、语义和语法，并将其应用到写作实践中，以准确、流畅、地道的方式传递信息。此外，背诵例文也是一种有效的语言输入方式，可以帮助学生掌握更多的二语词汇和语言规则，并培养二语思维。

在教学过程中，我们应该充分利用学生的母语知识，采用对比教学法，并进

行严格的训练和练习。当学生在写作中出现雷同或相反的语言思维表达时，教师需要及时准确地给予说明，并解释母语和二语之间的不同点和词汇搭配原则。此外，教师需要利用母语正迁移的优势，引导学生以积极的心态面对二语习得中的暂时性障碍。

值得注意的是，语言输入的质量也需要适应学生的不同阶段和水平。对于初学者，教师应该提供相对简单、明了的语言输入，以避免难度过大导致的学习焦虑和挫败感。而对于高年级学生，则可以提供更为复杂和深入的语言输入，以帮助他们进一步提高日语表达能力。

（二）重视感情因素，激发学生的学习动机

在日语教学中，教师需要重视情感因素对学生的学习产生的影响，并通过指导学生克服焦虑情绪，提高他们的学习积极性。为此，教师需要创造舒适和谐的课堂氛围，激发学生的学习兴趣，从简单的话题开始练习，并培养学生对日本文化的兴趣，从而最终达到提高学生二语写作能力的目的。在课堂教学中，教师应该采用亲切、耐心、鼓励的口吻与学生交流，避免批评和指责，让学生在轻松的环境中学习语言，从而减少学习焦虑。此外，教师应该关注学生的情感需求和认知能力，了解他们的学习兴趣和学习风格，并根据不同的学生情况制定相应的教学策略。教师还应该在课堂中为学生提供充分的时间和机会来练习日语写作，提供即时反馈和帮助，以便学生能够在课堂上及时纠正错误，避免产生消极情绪。

（三）鼓励学生进行语言输出

二语习得中"可理解的输入"是至关重要的。然而，学生若想在二语表达方面既流利又准确，则需要进行"可理解的输出"。因此，教师可以鼓励学生通过写日记或感想文等方式逐渐进行语言输出，以促进二语习得。这样的语言输出过程可以帮助学生发现目的语与母语的差异，找到自身的不足之处，并最终提高二语表达能力。

（四）利用多媒体教学，营造日语环境

教师应该引导学习日语的学生，在完成基础学习后通过多种途径深入学习和了解日本文化，积极参与与日本文化相关的活动。观看日语电视剧、动画片，学唱日语歌曲，收听日语广播，阅读日文报纸或文学作品等，都是学生拓宽学习空间的有效途径，也是学习日语和了解日本文化的重要方式。需要注意的是，每一部电视剧都是日本社会各个方面的缩影，蕴含着日本人的生活习惯和思维模式，

学生可以通过观看日本电视剧更好地了解和体验日本文化。此外，学习唱日文歌曲也是一种有效的学习方式，不仅可以提高学生的日语水平，更能够激发他们对日本文化的兴趣和热爱。因此，教师可以通过组织参观日本文化展览、组织学生观看日本电影、阅读原版日本小说等活动，帮助学生更好地了解和体验日本文化。这些活动可以使学生更好地感受日本文化的魅力，进一步促进学生的语言习得和写作能力的提高。

（五）改进教学方法、养成日语思维习惯

要想写出地道的日语文章，学生需要注意避免母语文化的负迁移，并逐渐养成日语思维的习惯。以下是一些建议：

①反复练习是学习日语写作的关键。日语教师和学生应该达成共识，理解学习日语写作需要持之以恒的努力，就像学游泳一样需要在水中实际操作才能真正掌握。

②教师应该不断改进教学方法，例如在要求学生写作之前，提供日文范例并讨论范例，让学生了解日语文章的写作思路、技巧以及常用句型。同时，教师还应该引导学生进行中日两种文化的比较，深入了解日本文化对日本人生活、性格、观念、生命意识、语言表述方式的深刻影响，逐渐克服母语文化的负迁移。

③学生可以通过积极参与与日本文化相关的活动，如观看日语电视剧、动画片，学唱日语歌曲，收听日语广播，阅读日文报纸或文学作品等，增进自己对日本文化的了解。通过这些活动，学生不仅可以学到日语的正确表达方式，还可以了解日本人的生活习惯和思维方式。

④学生需要保持谦虚和开放的态度，不断学习、实践和反思，不断改进自己的写作技巧，逐渐养成用日语思维的习惯。只有这样，才能在日语写作中逐渐展现自己的个性和风格，写出地道、流畅、优美的文章。

第七章　日语教学课堂构建的实践探索

随着全球交流的日益加强，国际社会的距离逐渐减小，人们之间的互动也变得越来越频繁。作为地球村的成员，我们需要在日常生活中进行跨文化交流，这也意味着我们要具备相应的能力和技巧。由于对日语人才的需求持续增长，大学日语教育变得愈发重要和紧迫。

在大学日语教育中，教育者应重视融入跨文化知识，以提升教学的趣味性和多样性，同时激发学生的学习兴趣，增强他们的语言沟通能力。

第一节　日语教学质量障碍分析

高校教育质量对于培养具有创新精神的人才至关重要。在当前竞争激烈的环境中，提升高校日语教师的素质及整体教学环境水平是解决这一问题的关键途径。

在微观方面，日语教师需要具备扎实的专业知识与丰富的教学经验，持续更新教育观念与方法，关注学生的需求和背景，激励学生积极参与课堂互动与思考。这些要求教师拥有较高的教学能力和教育素养，从而为学生提供高质量的教育和培训。

在宏观方面，高校应注重提升整体教学环境水平，为教师提供先进的教学设备和技术支持，鼓励教师参加专业培训和学术交流活动，建立教师间的合作与交流机制。高校还应开展多种形式的创新创业活动，提供丰富的实践机会和实习项目，激发学生的创新精神。这些都是提高高校教育质量及培养具有创新精神的日语人才的重要措施。

一、日语教师自身素质的提高

在当前竞争激烈的环境中，提高高校教育教学质量显得尤为重要。特别是在培养创新型人才的过程中，教育教学质量更是关键所在。提升教师素质和提高教学环境的整体水平是解决这一问题的主要途径。在这方面，我们可以从提升高校日语教师的自身素质和优化教学环境两个层面入手。

在微观层面上，教师须具备深厚的专业知识和丰富的教学经验，能够持续更新自己的知识和技能，掌握最新的教育观念和方法。教师还应了解学生的需求和背景，灵活运用多样的教学方式和策略，鼓励学生积极思考和参与课堂互动。教师应注重培养学生的语言技能、思考能力和创新精神，辅助学生养成自主学习的习惯和良好的学习态度。

在宏观层面上，高校应注重提升教学环境的整体水平。高校应提供先进的教学设备和技术支持，为教师提供专业培训和学术交流的机会，建立教师间的协作和交流机制。高校还应开展各种形式的创新创业活动，提供丰富多样的实践机会和实习项目，激发学生的创新精神。此外，高校应加强与企业、政府等社会机构的联系和合作，为学生提供更广阔的职业发展平台和实践机会。

在日语教学中，教师应积极营造良好的教学氛围和互动环境，培养学生的听说读写能力，加深对日语文化的理解，提升学生的跨文化沟通能力。高校还可以通过开设日语角、日语沙龙等活动，鼓励学生主动参与，提高学生的语言水平和文化素养。

（一）创新性的日语教育教学理念

在讨论创新性的教育教学观念之前，我们需要明确正确的教育教学方式。有些教师依照自己的教学方式挑选适应和符合的学生，认为这些学生是优秀的，而其他不适应和不符合的学生则被视为不优秀的学生。有些教师则研究和分析每个学生的特点，寻找适合每个学生的教学方式，不断优化教学方法，因材施教，提升教学质量。显然，后者是对学生和学校更有益的教师类型。教师应当愿意俯身，站在学生的角度去了解学生的思想、意见和观点，与学生沟通、互动、交换思想，发掘学生的闪光点，使其更加熠熠生辉。只有这样，才能更好地培养创新型人才，满足社会对创新型人才的需求。

教育教学观念是为人师表的基本原则，而创新性的教育教学观念对教师来说是更高的挑战。在日语教育领域，树立创新性教育教学观念是为了培养具有创新意识、创新精神和创新能力的日语人才。在当代，日语教育已经不能仅仅停留在照搬教材的教学模式上，教师的真正价值体现在是否能够激发学生学习日语的主动性，激发学生的日语求知欲望。因此，必须改变以教师为中心的教学模式，转变为以学生为中心的教学模式，坚持"学生中心论"的理念。教师需要探讨创新性的教育教学方法，以激发学生的创新思维和创新实践，帮助他们在日语学习和应用中不断提高和进步。

现代社会的经济发展离不开科技技术的支持，而科技技术本身是创新的产物，需要有创新型的综合人才来支撑。因此，作为日语教师，应以传授知识和技能为核心，针对日语专业学生的特点和个性，培养他们的综合素质和实践应用能力。同时，为了创造更好的培养环境，需要根据日语专业学生的个性差异设计多元化的评价体系，不断提高高等教育的教学品质。

在日常教学中，倾听学生的心声和观点至关重要。通过启发式教育，引导学生的个性走向正确的方向，是教学工作的关键一环。高校教师应积极营造充满活力的课堂教学氛围，让课堂成为师生互动的场所，激发学生的创造热情和灵感。教师应该让学生主动投入课堂活动中，使课堂教学变成一个丰富、有趣的舞台。这样才能更好地培养出具有创新精神的日语专业人才，满足现代社会对综合素质人才的需求。

在日语教学过程中，教师应当关注学生的听说读写能力，强化对日语文化的理解，提高学生的跨文化交际能力。高校还可以通过开设日语角、日语沙龙等活动，鼓励学生主动参与，提升学生的语言水平和文化修养。

（二）完善的知识能力结构

在当今日语教师中，他们需要具备一套综合性的知识技能体系，涵盖丰富的专业知识、科研技能，以及其他与日语教育相关的理论和实践知识。此外，日语教师还需拥有多种业务技能，如表达能力、因材施教能力和应变能力等。在经济全球化的背景下，日语教师还应具备信息技术技能和其他相关技能，同时需要继续学习以满足未来社会的要求。

然而，教师的首要任务是"传授智慧、教授技能、解答疑惑"，因此，教师必须以学生为核心，积极探索和实践教学方法和手段，不断提升自身的教学技能和水平。教师应注重培养学生的终身学习意识，为学生的未来发展奠定坚实的基础。教师的技能结构不仅影响学生的学习和成长，也是培养具有创新精神的日语人才的关键。

因此，现代日语教师需不断提升自身的综合素质和水平，传承和弘扬中日友好的教育传统。他们应该关注与学生的互动，营造充满活力的课堂氛围，并为学生提供多样化的评价体系。这样，才能更好地培养日语专业学生的综合素质和实践应用能力，提高高校的教育教学质量。

为了提升日语专业学生的职业能力，许多高校鼓励学生参加社团活动。然而，对于日语教师来说，提高实践能力也非常关键。实践活动是完善日语知识结构和提升综合素质的重要因素。因此，高校日语教师应积极参与社会和企业组织的实践活动，以获得宝贵的实践经验。同时，教师可以借助各种媒体，间接吸收广泛的经验。通过不断拓宽视野和培养前瞻精神，教师可以及时掌握社会最新发展趋势和学科学术动态，提高对创新性命题的敏感度。

日语教师需要通过长期的实践体验、反思、总结、评价、感悟和领会，不断提高自身素质。这需要教师进行实地训练和技能培训。只有通过这些努力，才能逐步将知识技能体系合理整合，并在日语教育教学实践中更好地培养高素质、具有创新能力的日语人才。

随着素质教育观念的提出，"实践能力"成为高校教育研究中的关键议题。因此，高校日语教师需要重视实践活动，不断提高自身的实践能力。通过这些努力，教师可以更好地服务于学生，培养出更多具有创新能力的人才，为社会和国家的发展做出更大的贡献。

在日语教学中，鼓励创新思维和培养学生的创新能力是至关重要的。为了实现这一目标，教师可以采用多种教学方法和策略，如问题导向学习、项目制教学、情境教学等。这些方法有助于激发学生的学习兴趣，培养他们的团队合作精神，提高他们的实际操作能力。同时，教师还应关注学生的个性化发展，发挥每个学生的特长和兴趣，以培养具有创新精神和实践能力的日语人才。

二、日语教学环境整体水平的提升

宏观上说，日语教学环境整体水平的提升是各大高校免于淘汰、赖以生存和发展的基本，也可谓高校培养创新型人才的核心，是教育教学的生命线。

（一）培养高素质的日语教师团队

为确保日语教育的优质教学，我们需要培养一支高素质的日语教师团队。这个团队应具备卓越的教学技巧、丰富的文化知识、先进的教育观念以及积极向上、不断创新和无私奉献的精神。在团队中，专业领导人起着关键作用。他们需要具备深厚的学术底蕴和创新性思维，善于组织管理和领导，能有效利用社会资源，以形成团队的凝聚力和创造力。

为了打造优秀的日语教师团队，所有教师都应在专业领导人的指导下，及时关注行业发展趋势，把握专业建设和教学改革方向，不断改进教学内容和方法，提高个人的教学能力和素质。这有助于日语教师团队的持续发展。

为了培养这样的日语教师团队，学校需要创造良好的教育环境，为教师提供学习和进修的机会，鼓励他们不断提升自己。通过组织研讨会和分享会，教师们可以互相学习、共同探讨教学新方法，提高教学能力和团队凝聚力。建立和谐、进取、充满活力的日语教师团队，将有助于学校各项工作的顺利推进，并能培养出大量优秀的创新型日语人才。只有不断学习并将所学知识应用于实践中，我们才能持续提升日语教育教学质量。

（二）营造良好的日语学习环境

学习环境对学生的行为和心态具有显著的影响，因此，为了提升日语教育教学质量，创造优良的学习环境至关重要。然而，社会的负面因素可能对学习环境产生不利影响，从而直接妨碍教育教学质量的提高。因此，高校应从内部着手，采取有效措施抵制和消除不良影响，营造一种健康的学习环境和和谐的校园氛围。

首先，学校应加强对学生的思想教育，提升学生的辨别是非和自我约束能力。学校可以加强对学生的管理和指导，例如设立学生会、班委等组织，强化学生的日常管理，制定并实施严格的行为规范。此外，学校还可以加强与家长的沟通与合作，协助家长更好地教育和管理孩子。

其次，学校可以利用互联网和远程教育等现代技术手段，为学生提供广阔的学习空间和优质的教学资源。学校可以建立校园网和网络教室，为教师和学生提供良好的在线学习环境，拓宽师生的视野，增强师生的创新能力，提升学生的学习自主性和灵活性。

最后，学校应构建和谐的校园文化，打造优质的学习环境。学校可以制定并实施文明校园建设规划，加强学生的道德教育和职业素养培养，鼓励学生积极参与各种文化和艺术活动，培养学生的人文素养和创新精神，为学生的全面发展提供保障。

（三）争取社会和家长的支持

教育是社会发展的基石，家庭教育、社会教育和学校教育是三大支柱，它们之间的紧密配合和有效沟通是提高教育质量的重要保障。其中，家庭教育是学校教育的重要补充，也是学生身心健康发展的重要因素，因此，家长在家庭教育方面的作用不容小觑。

为了实现学校、社会、家长之间的良好合作，学校应积极处理与社会和家长的关系。了解每位学生的家庭背景，关注学生的身心健康并及时与家长交流，是学校处理好家长关系的关键。同时，学校应该让家长认识到高等教育的重要性，并协助学校开展有意义的健康教育。

除了处理好家长关系，学校还需要与社会各界建立良好的关系。学校可以定期举办开放日活动，欢迎家长和社会各界前来参观和监督，以增强家长和社会对学校的信任度，并接受家长和社会各界的建议，以改善教育教学质量。此外，学校也应积极与企业、政府等社会机构合作，为学生提供实习、就业等机会，以适应市场需求和提高教育教学质量。

高校扩招是为了满足经济发展对人才的需求，同时也是改革创新的一种体现。但是，随着竞争压力加大，学生面临就业的严峻挑战。因此，高校日语教育必须不断改进和创新，以适应市场和国际环境的变化。我们应该始终把提高教学质量放在首位，探索提高教育教学质量的有效方法，培养适应市场需求的创新型人才。

在实现教育现代化的过程中，教育的三大支柱之间的合作非常重要。学校、家庭、社会三方应建立信任、友爱的桥梁，共同努力创建一种民主平等、公平合理、和谐互爱的互帮互助关系，共同探讨和研究培养应用型人才的良方，以提高整体教学环境和教育水平，培养符合社会需求的高素质人才，推动国家和社会的持续发展。在这个过程中，每一个教育者和家长都要担负起自己的责任，发挥好自己的作用，共同为教育事业做出贡献。

第二节　日语实践教学课堂的构建研究

随着社会对应用型人才的需求日益增长，高校应用型人才的培养已成为各高校的重要任务。在日语人才的培养方面，应根据市场需求进行教学改革，以培养具备综合能力的应用型人才。

一、完善实践教学搞活第一课堂的必要性

随着中国改革开放的深入，大连市已成为日资企业投资的重要区域，2000多家日本投资企业在这里投资。因此，培养具备应用型能力的日语人才已经成为高校教育改革的重要任务。传统的教育模式已无法满足市场需求，学生在校期间掌握的技能也难以满足企业的需求，已成为学生就业的一个瓶颈。因此，高校需要积极采取措施，从改变传统的授课模式入手，全面提高教学质量，以培养出具备综合能力的应用型人才。

首先，高校应完善第一课堂的实践教学，使学生在实践中学习，调动他们的自主学习能力。实践教学可以使学生从"被要求学习"转变为"主动学习"，增强他们的实践能力和应用能力，更好地适应市场需求。教师需要端正思想，不断研究教学，提高自身水平，逐步完善实践教学，从而搞活第一课堂。将实践教学融入第一课堂，推出特色教育模式，已成为高校教学改革的重要内容之一。

其次，高校需要了解市场对应用型人才的需求，制定培养应用型人才的目标和方案。培养出的学生不仅具备本专业理论知识和专业技能，而且具备适应市场上贸易、商务、金融、旅游、管理、计算机等多方面需求的能力。为此，高校应加强与企业的合作，深入了解企业对人才的需求，制定切实可行的教学方案，为学生的就业打下坚实的基础。

最后，实践教学是培养应用型人才的重要环节。它是实现人才、知识、能力、素质协调发展的关键途径和手段，也是提高就业率的重要教育手段之一。高校应该将就业创业教育纳入教学计划中，加强学生的职业规划和就业指导，帮助学生更好地适应社会需求。通过改变传统授课模式、了解市场需求和加强实践教学等方式，高校可以培养出具备应用型能力的日语人才，满足市场需求，提高学生的就业竞争力。

二、教师需要创新思路，以健康心态做到"因材施教"

为了提高高校教学质量，实践教学已成为日常教学工作的重要组成部分。然而，部分高校教师在实践教学中的社会能力不足，仅仅依靠书本上的理论知识进行教学，难以激发学生的兴趣和自主学习的欲望，这对学生和高校的教学质量造成了不利影响。因此，教师必须认识到教学质量对于高校的生存和发展至关重要，同时明确高校的核心任务是培养具有高综合素质的应用型人才。

为了达成这个目标，首先，教师需要调整自己的心态，不断提升自己的能力水平，并以学生为中心开展实践教学，培养学生的综合素质和实际应用能力。具体而言，教师需要意识到自身的不足和差距，及时补充商贸日语、计算机日语、旅游日语、金融日语等方面的知识。其次，教师应积极寻找机会到社会和企业中实地观摩或实际操作，了解社会需求，不断提高自身的水平，并探索和研究提高学生实际操作能力的方法。最后，教师应以学生为中心，采用兴趣教学法和因材施教的方式，鼓励学生积极参与实践教学，提高其日语的各种应用技能和熟练地应用日语的交际能力。

作为一名教师，要适应时代的发展需求，将培养适应市场需求的应用型人才作为目标。要不断学习、不断进步，勇于剖析自己、敢于创新，以积极向上的心态面对实践教学，改进实践教学方法，以身作则、成为典范，影响和激励学生。这是成功完成第一课堂实践教学任务的第一步，需要付出艰辛的劳动。

三、采取多元化、实用型实践教学模式

实践教学是日语教育中至关重要的一部分，可以帮助学生在实际应用中掌握日语，提高其语言能力和实际应用能力。针对不同的学科和课程，可以采用不同的实践教学模式。以下是几种常见的实践教学模式。

（一）讨论式教学模式

传统的教师讲课模式已经被现代教育所摒弃，取而代之的是广受欢迎的讨论式教学模式。这种教学方式注重培养学生的自主学习和思考能力，让学生成为学习的主导者，通过讨论和分享自己的想法来发现和解决问题。

讨论式教学模式最显著的特点是激发学生的思维能力，教师不再单纯地灌输知识，而是通过引导和监督，鼓励学生思考和探索问题，自由地表达自己的想法，解决问题。

这种教学方式激发了学生的思考能力，使学生更积极地面对学习和生活中的问题，学生在学习过程中扮演主导者的角色，教师则在辅助学生思考和探索问题的过程中起到引导者和监督者的作用。讨论式教学模式不仅可以培养学生的分析思考能力，还可以帮助学生适应未来社会的发展需求。

然而，对于内向、不善于表达的学生而言，讨论式教学模式可能会带来困扰，因为这种教学模式需要学生大胆地表达自己的观点和想法。在这种情况下，教师应该给予这些学生鼓励和信心，帮助他们敢于表达自己的想法，共同进步。

讨论式教学模式已成为现代教育中不可或缺的一部分。这种教学模式可以帮助学生更好地掌握知识，提高综合素质，培养学生思考和解决问题的能力，为未来社会的发展提供更多的人才支持。

（二）情境式教学模式

在日语教学中，多媒体和情境式教学已成为不可或缺的教学方式，有助于学生更加积极地参与课堂学习，同时提高学习效果。运用多媒体设备如投影仪等，可以使学生更好地理解日语，提升听、说、读、写和译等语言技能。

情境式教学是一种有效的教学方法，能够将所学内容融入真实情境中，让学生更深入地理解和掌握日语语言和文化。在情境式教学中，教师利用图片、文

字、音乐等方式创造情境，让学生在情境中进行教学活动，更好地理解日语。情境式教学能够激发学生的学习兴趣和动力，增强学生的学习自信，促进学生的全面发展。

在运用情境式教学模式时，教师需要根据学生的实际特点和需求选择合适的教学方法和教材，灵活运用多媒体器材和情境创设，注重激发学生的学习兴趣和动力，让学生在轻松的氛围中掌握知识，提高学习效果和综合素质。同时，教师还需注重教学的实用性和实效性，确保学生所学的知识和技能能够应用于实际生活和工作中。

（三）小组式教学模式

小组式教学模式是在日语教学中广泛采用的一种教学方式，它以小组为单位进行教学活动，将学生置于学习的中心地位，引导学生自主学习和思考。小组式教学模式注重学生的互动交流和合作，可以促进学生之间的友谊和团队精神的培养，同时也能够提高学生的学习兴趣和效果，是一种非常有效的教学方式。

在小组式教学中，教师的作用不仅仅是传授知识，更重要的是扮演一个引导者和监督者的角色，激励学生思考和探索问题，引导学生自由发挥，解决问题。教师需要根据学生的实际情况和需要，选择合适的教学方法和教材，灵活运用多种教学手段，让学生在轻松愉悦的氛围中掌握知识，从而提高学生的学习效果和综合素质。

小组式教学的优点在于它能够激发学生的学习兴趣和动力，增强学生的学习自信心，促进学生的全面发展。在小组中，学生可以加强团结意识、增进友谊，提高人际交往能力，同时也可以培养学生的沟通能力和表达能力。在学习过程中，学生还可以互相帮助，共同探讨和解决问题，从而提高了学习效果。

小组式教学模式还可以让学生更好地了解日本文化和社会风俗，为毕业后进入工作岗位时减少磨合时间，尽快融入其中打下良好基础。在日本企业中，团体协作和团队合作精神是非常重要的，因此在招聘中，企业经常要求求职者具备良好的沟通能力、团体合作意识和敬业精神。小组式教学模式可以帮助学生培养获取信息的能力、增强动手操作能力，更重要的是利于培养学生的团队精神，为学生将来的职业发展奠定坚实的基础。

第三节　日语课堂与就业衔接

随着中日经济联系的不断加强和日本企业在中国的投资逐年增加，日语专业毕业生的就业机会不断增多。然而，就业与本专业相关的比例却偏低，这是一个需要引起关注的问题。

为了提高日语专业毕业生的就业质量和对口率，学校应该采取一些措施。首先，加强对学生的职业规划教育，提高学生的职业素养，帮助学生了解市场需求和就业形势，提前做好职业规划，为就业做好准备。其次，建立稳定的实习渠道，为学生提供实践机会和岗位培训，提高学生的就业竞争力。此外，开设多样化的选修课程和开展校企合作项目等方式，也可以提高学生的综合素质和就业竞争力，提高毕业生的就业质量和对口率。

日语专业毕业生的就业前景光明，但仍需要加强就业指导和实践机会的提供，帮助他们更好地适应市场需求和就业形势。只有这样，我们才能更好地培养出应用型人才，为中日经济交流和合作做出更大的贡献。

一、就业领域与岗位分析

经过调查研究发现，当前许多学生的心理素质和独立工作能力偏低，这可能影响他们将所学知识应用于实际工作中的能力。同时，日语专业应届毕业生就业对口率不高，许多人从事的是低端化的日语外包工作，这个现状需要我们引起足够的重视。为了提高日语专业毕业生的就业质量和对口率，我们需要采取多种措施。

首先，学校需要进一步加强实践教学，提高学生的动手能力和实践能力。实践教学可以让学生更好地将所学知识应用于实际工作中，提高其就业竞争力。其次，学校需要注重培养学生的职业素养和实际操作能力，了解企业的用人需求，适时地调整教学内容和教学方法。通过开设企业实训课程、举办招聘会等活动，为学生提供更多的就业机会和实践经验。同时，学校还应该加强对学生的心理健康教育，帮助他们提高应对困难的能力和抗压能力，增强自我管理和自我调节能力，从而更好地适应社会的挑战和变化。

（一）毕业生的就业领域

日语专业毕业生就业领域广泛，包括生产型企业、软件外包公司、高校、劳务输出公司、贸易公司等各种企事业单位。任何与日语相关的领域都是他们的就业方向。

（二）毕业生可从事的工作岗位

日语专业毕业生就业领域广泛，几乎包括了所有与日语相关的行业。其中，生产型企业是重要的就业领域之一。在这些企业中，毕业生可以担任翻译、总务、人事、采购等职位，为企业提供与日本相关的服务。软件外包公司也是热门的就业领域之一，需要大量的日语翻译和编程人才。此外，各类高校也是重要的就业场所，毕业生可以从事教学、翻译、管理、研究等工作。劳务输出公司、贸易公司等企业也需要大量的日语翻译和业务人才。旅游、外事、外经、外贸等领域的口译和笔译工作也是潜在的就业领域，为政府机关、企事业单位和个人提供服务。

二、企业问卷调查

通过企业问卷调查可以发现，日语专业毕业生需要具备一定的语言水平和专业技能，同时也需要在学习期间积累实践经验和提高综合素质，如此才能更好地适应未来的工作需求。因此，日语高校需要在日语专业教学方面进行改革，从以下几个方面进行设想。

第一，加强日语教学中的语言应用能力。这意味着我们应更注重实践能力和语言表达能力的培养，帮助学生在课堂上加强听说读写的训练，提高应用能力，更好地适应未来的工作需求。

第二，注重实践教学，强化学生的工作经验。这包括实习、校企合作、毕业设计等方面。学生需要通过实践锻炼和提升自己的实际工作能力和应变能力，为未来的就业打下坚实的基础。同时，我们可以与企业、机构合作，共同创建实践教学基地，为学生提供更多的实践机会和工作经验。

第三，加强专业知识与综合素质的培养。在课程学习中，我们应注重对日本文化、历史、经济、社会等方面的深入了解，以提高学生的综合素质。此外，学生也需要在沟通能力、领导力、团队合作等方面得到锻炼和提高，以提高自己的竞争力。

第四，建立多元化的就业渠道。学校应该为学生提供多种就业渠道，如加强校企合作、推荐优秀学生到企业、拓宽行业领域等。同时，学生也需要积极拓展自己的就业方式，如自主创业、参加公务员考试、考研等。这样可以为日语专业毕业生提供更多的就业机会，提高毕业生的就业率和对口率。

（一）提高日语水平

随着经济全球化的发展，日语作为一门重要的国际通用语言，在各行各业中的应用越来越广泛。因此，高校在培养日语人才方面的任务越发重要。为了满足市场和企业的需求，高校需要不断提高教学质量，改进教学手段，推出特色教育模式，注重实践教学。为此，传统的以教师为中心的教学模式已不能满足市场和企业的需要，需要摒弃死记硬背、题海战术等教学方式，注重让学生在理解中得到感性记忆，激发学生的学习积极性，提高日语水平。

在高校的日语教学中，基础日语教育的重要性也不能忽视。大部分企业要求应聘者的日语水平要达到日本语能力测试 N1 级，因此需要注重基础日语教育，提高学生的语言应用能力和实践能力。同时，日语资格证书也是评估应聘者日语水平的重要方式之一，企业更加关注应聘者是否持有相应的证书，这也对学生未来的就业有现实意义。因此，应继续提倡双证制度，即毕业证和资格证的取得，并适当采取强制性政策，以提高学生的日语水平和就业竞争力。

（二）专业技能过关

日语作为一门重要的外语已经成为许多企业的必备技能之一。然而，仅仅掌握语言是不够的，企业还需要应聘者具备与专业相关的技能和知识。

为了培养符合企业需求的人才，一些学校已经开始开设与日语专业相关的商务实用性技能课程，如"日文办公软件操作"。这些课程注重实践操作和应用能力，结合最新的企业信息和需求，帮助学生打下良好的基础，增强他们的职场竞争力。

然而，学生需要意识到，仅仅上这些课程是远远不够的。他们还需要通过不断的日语学习，提高自己的日语水平和语言能力。只有如此，才能更好地适应职场的需求，为自己的职业生涯打下坚实的基础。因此，学生需要加强自己的日语学习，不断提高自己的实践能力和应用能力，以更好地满足企业对于日语人才的需求。

（三）积累工作经验

大学生在就业市场中面临很多挑战和困难，如何解决这一问题？大连职业技术学院采用了"订单式"人才培养模式，与企业合作，将企业培训方案导入教学内容，为学生提供更好的实践机会，让学生在毕业后能够迅速上岗并胜任工作。此外，学生在毕业前的实习期间也是积累工作经验的重要途径，通过与企业建立实习基地等方式，可以让学生深入企业，掌握基本技能。这样的实习经历可以弥补应届毕业生缺乏工作经验的不足，缩短他们与企业之间的距离，提高就业竞争力。

（四）提高综合素质

调查显示，企业对于日语专业人才的综合素质有很高的要求，尤其是在责任心、事业心和团队合作方面。因此，在教学中应该注重培养学生的综合素质，并且这些素质不是通过特定的课程或活动培养的，而是通过日常教学中多种手段逐步塑造。

举个例子，在日语办公软件操作课程中，可以从指导学生的坐姿和指法开始，养成良好的习惯和严谨的态度，以培养适应日资企业工作的作风。在课堂上实践操作指定文章时，可以分组完成任务，要求小组成员共同协作完成，并在上交前相互校对并签字，以培养学生的责任心和团队合作意识。这些方法可以自然地培养学生的素质，为日语专业人才的培养提供支持。

应聘者的综合素质对于面试结果至关重要，包括表现、形象仪表和应变能力等。因此，我们组织了日语专业学生的模拟公司和模拟面试大赛，并由有日资企业工作经验的教师进行指导。学生积极参与，通过模拟面试，及时纠正他们在面试中的问题和错误，并进行归纳总结，让他们不仅发挥了专业知识，还提高了综合素质，为就业做好准备。这种模拟就业平台对于学生的发展至关重要，我们应该在教育中加强此类活动的开展。

三、解决方案

在当前竞争激烈的就业市场中，仅仅具备日语能力是不够的。日语专业学生需要具备全方位的综合性应用型能力才能更具竞争力。除了掌握熟练的日语语言，还需要具备良好的心理素质、职业技能、实践工作能力、团队合作和沟通能力等。这些综合素质和能力是企业招聘的重要标准之一。

作为教师，应该协助学生克服心理上的障碍，增强自信心，并帮助他们适应各种环境的变化。同时，职业技能也是学生能否胜任工作的基本要求，教师应该在教学中注重职业技能的培养，并通过实践操作进行提高。

为了加强学生的实践工作能力，校方和教师需要共同协作，为学生创造接触企业、接触岗位、实践操作的机会。同时，教师也应该带动和影响学生参与科研活动，提高学生的实践动手能力。

在工作岗位上，团队合作精神尤为重要。这就需要教师在日常教学中利用各种教学手段，激发学生各方面的特长，提高班级凝聚力。教师要教会学生相互尊重，为团队营造良好的和谐融洽的氛围，让每个学生都能将彼此的知识、能力和智慧共享，从而提高整个团队的综合素质。

沟通能力对于一个人的发展至关重要，它不仅仅包括表达能力、争辩能力、倾听能力和设计能力等方面，更是一个人综合素质的重要体现。教师在日语专业教学中应该帮助学生明确自己的沟通范围和对象，全面提高他们的沟通能力。

教师需要共同努力，为学生创造良好的学习环境和氛围，并将企业引进教学中，为学生提供更好的实践机会，帮助他们在毕业后能够立即上岗并胜任工作。教师应该注重培养学生的实际能力，鼓励他们参加各种实践活动和实习，提高他们的综合素质，同时完善教学内容，将实践教学融入日常教学中，加强对职业技能的培养和专业知识的传授，以满足学生未来的就业需求。同时，教师也应该注重学生的综合素质的培养，通过丰富多样的教学手段，如模拟公司、模拟面试、小组讨论等活动，让学生提高沟通、合作、责任和创新等能力。这些活动可以激发学生的热情和学习积极性，提高他们的竞争力。

除此之外，教师还应该注重与企业的合作，建立更加紧密的联系，为学生提供更多的实践机会和就业资源。与企业的合作可以是实习、校企合作研究、企业招聘会等形式，这些形式的合作不仅可以让学生了解实际工作环境和要求，还可以帮助企业更好地了解学生的实际能力和需求，提高学生的就业成功率。

参考文献

［1］阿宁.“互联网＋”时代,从"慕课"走向"金课"建设研究:以高校日语教学为例［J］.呼伦贝尔学院学报,2022（04）:130-133.

［2］崔艳婷.日本茶文化在高校日语教学中的运用［J］.福建茶叶,2022（07）:102-104.

［3］董圣洁.双向文化导入法与项目教学法在日语教学中的结合应用:以基础日语教学为例［J］.惠州学院学报,2022（01）:123-128.

［4］洪洁.邮电类高校公共日语课程体系构建研究［J］.高教学刊,2022（04）:84-88.

［5］金春燕.混合式教学在日语教学中的应用［J］.辽宁师专学报(社会科学版),2022（01）:57-58.

［6］蓝媚.基于"产出导向法"理论的商务日语翻译课堂教学设计［J］.漯河职业技术学院学报,2022（01）:51-55.

［7］林小婷,于春堂.课程思政视域下的基础日语教学模式探究:以《新经典日本语基础教程》文化专栏教学设计为例［J］.品位·经典,2022（03）:143-146.

［8］刘丹.跨文化交际背景下高校日语教学中本土文化的失语现象及对策研究［J］.山西经济管理干部学院学报,2022（03）:73-76.

［9］吕娜.高校日语专业教学改革与发展研究［J］.延安职业技术学院学报,2021（06）:42-45.

［10］孟红淼.跨文化交际视角下的高校日语教学策略研究［M］.长春:吉林出版集团股份有限公司,2021.

［11］潘文东,邓清晨.成果导向理念下基础日语混合式教学的改革尝试［J］.大学,2021（47）:82-84.

［12］蒲玮璐.日语阅读课程思政的教学实现路径研究［J］.中国多媒体与网络教学学报,2022（02）:244-248.

［13］祁福鼎，于春堂，苏娜.大学日语教学中的课程思政探索：以大连外国语大学公外部教学实践为例［J］.东北亚外语研究，2022（03）：28-37.

［14］闪晓宇.基于OBE理念的二外日语混合式教学改革与实践［J］.保定学院学报，2022（01）：111-116.

［15］申冬梅."互联网＋"时代基础日语智慧课堂教学模式设计：评《互联网＋时代的日语教学模式探究》［J］.中国科技论文，2022（01）：124-125.

［16］宋婷.BOPPPS模型在高校日语教学中的应用实践探索：以日语精读4为例［J］.现代交际，2021（24）：16-18.

［17］孙欣.OBE理念下日语专业商务方向簿记人才培养的研究［J］.湖北开放职业学院学报，2022（02）：17-18.

［18］王琪.日语教学理论及策略［M］.北京：外语教学与研究出版社，2017.

［19］王钰，胡雅楠，张研.现代高校日语教学与跨文化交际融合研究［M］.长春：吉林出版集团股份有限公司，2021.

［20］魏海燕."互联网＋"背景下高校日语教学中跨文化交际能力的培养［J］.办公自动化，2022（10）：25-27.

［21］魏海燕."互联网＋"背景下线上线下日语教学模式改革措施研究［J］.办公自动化，2022（13）：17-19.

［22］毋育新.日语敬语教学方略研究［M］.北京：北京大学出版社，2019.

［23］熊回香，叶佳鑫.面向科技文献检索的关键词层次结构构建［J］.情报理论与实践，2022（09）：157-163.

［24］杨晓颖，吕蕾，何金兴.基于教学相长理念的大学课堂教学设计与实践：以"科技文献检索"课程为例［J］.教育教学论坛，2022（15）：125-128.

［25］余湘萍.高考日语生激增背景下高校公共日语教学改革及策略研究［J］.东北亚外语研究，2022（04）：95-104.

［26］占柳.基于订单式人才培养的日语课程教学改革的实践探索：以咸宁职业技术学院老年服务与管理专业为例［J］.湖北科技学院学报，2021（06）：106-111.

［27］张桃.二外日语课程混合教学实践成效研究［J］.中国多媒体与网络教学学报，2022（02）：41-44.

［28］赵冬茜，修刚.三位一体的高校日语专业人才培养路径：外语类专业《教学质量国家标准》《日语教学指南》《日语教学大纲》的制定［J］.西安外国语大学学报，2022（01）：74-78.

［29］赵冬茜.《普通高等学校本科外国语言文学类专业教学指南》视域下日语专业核心课程设置研究［J］.外语研究，2021（06）：53-59.

［30］郑倩.从"文化自信"角度谈二外日语课程思政教学改革［J］.湖北开放职业学院学报，2022（03）：102-103.